존 녹스와 종교개혁

John Knox and The Reformation
by Martyn Lloyd-Jones & Iain Murray

Copyright ⓒ Lady Elizabeth Catherwood & Mrs Ann Beatt, 2011
　　　　　ⓒ Iain H. Murray, 2011
Originally published in English under the title
John Knox and the Reformation by D. Martyn Lloyd-Jones
by THE BANNER OF TRUTH TRUST, 3 Murrayfield Road, Edinburgh EH12 6EL, UK
P.O. Box 621, Carlistle, PA 17013, USA
All Rights Reserved.

Translated and used by permission of The Banner of Truth Trust through arrangement of rMaeng2, Seoul, Korea.

Korean Copyright ⓒ 2011 by Jipyung Publishing Company, Seoul, Korea

본 저작물의 한국어판 저작권은 알맹2 에이전시를 통하여 BANNER OF TRUTH TRUST사와 독점 계약 한 지평서원에 있습니다. 신저작권법에 의하여 한국 내에서 보호받는 저작물이므로 무단 전재와 무단 복제를 금합니다.

존 녹스와 종교개혁

마틴 로이드 존스 · 이안 머리 지음 | 조계광 옮김

지평서원

John Knox and The Reformation

차례

- 한국어판 편집자의 글 · 5
- 추천의 글 _ 라은성 목사 · 6
- 존 녹스의 약력 · 10

1장 종교개혁을 기억하라 · 14
    _ 마틴 로이드 존스

2장 존 녹스, 청교도주의의 설립자 · 52
    _ 마틴 로이드 존스

3장 존 녹스와 그의 싸움 · 102
    _ 이안 머리

| 한국어판 편집자의 글 |

　이 책은 500여 년 전 먼 나라에 살았던 교회사의 한 인물에 관한 짧은 평전입니다. 그는 당대에 크게 쓰임 받은 영적 거인이자 우리에게 전해진 장로교의 시초요, 스코틀랜드 종교개혁을 주도했던 인물입니다. 그가 누구입니까? 비록 지금은 역사의 뒤안길로 사라지고 어느덧 기억 속에서도 잊혀져 가고 있지만, 그럼에도 우리가 반드시 알고 기억해야 할 이름, 바로 존 녹스John Knox입니다.
　로이드 존스 박사와 이안 머리는 감사하게도 이 책을 통해 낡은 사진첩을 열어 보여 주듯 그를 기억하도록 독려합니다.
　이 작은 책은 세 편의 강연으로 구성되어 있습니다. 로이드 존스가 전한 두 번의 강연은 녹스가 중심에 있었던 스코틀랜드 종교개혁과 그 역사적 의의, 그리고 그가 남쪽 잉글랜드 교회는 물론이고 청교도들에게까지 큰 영향을 끼쳤음을 설파하고 있으며, 이어 마지막 장에서 이안 머리는 존 녹스의 간단한 전기를 통해 그의 삶에서 발견되는 두드러진 특징들을 다루어 우리들의 삶에 유익하게 적용해 줍니다.
　한국 장로교 100주년을 앞둔 이때에, 이 책을 통해 독자들이 그를 기억할 뿐 아니라 그가 이룩한 업적과 믿음을 본받고자 하는 마음을 가지게 되기를 소망합니다.

| 추천의 글 |

라은성 목사(교회사 아카데미 대표)

저는 오랫동안 신학생들과 목회자들에게 종교개혁사를 가르치고 있으며, 대중매체를 통해서도 종교개혁사를 가르치고 있습니다. 대부분의 사람들은 '종교개혁'이라고 하면 마틴 루터Martin Luther와 존 칼빈을 떠올립니다. 두 사람 모두 참으로 중요한 사람들로, 그들 덕분에 유럽 각국에 종교개혁이 일어났습니다. 그들이야말로 초대 교회 교부였던 아우구스티누스를 제외하고서 교회 역사 가운데 가장 뛰어난 인물입니다.

한편 스위스 제네바의 바스띠옹 공원Le parc des Bastions에는 네 명의 종교개혁자들의 모습이 새겨진 '종교개혁의 벽Reformation Wall'이라 불리는 곳이 있습니다. 그들 중에 스코틀랜드의 위대한 종교개혁자인 존 녹스가 속해 있습니다. 녹스는 흔히 '스코틀랜드 종교개혁의 아버지' 또는 '스코틀랜드 교회의 아버지'라 불립니다. 그를 통해 스코틀랜드에서 장로교회가 어떻게 태동하게 되었는지를 알 수 있습니다.

6세기에 선교사 콜룸바(Columba, 521~597)에 의해 스코틀랜드에 복음이 전파되었습니다. 그 후 전 종교개혁자 존 위클리프의 사상을 이어받은 롤라드Lollards가 스코틀랜드에서 선교 활동을 벌였으며, 많은 사람들이 순교하게 되었습니다. 존 녹스의 스승인 조지 위셔트George Wishart도 그들 중 한 사람입니다. 그는 1546년 3월 1일에 33세의 나이로 순교했습니다. 그는 비록 세상을 떠났지만, 그의 사상을 이어받은 녹스를 비롯하여 많은 순교자들의 피와 희생으로 인해 마침내 1559년에 스코틀랜드의 종교개혁이 일어났습니다.

그 후 17세기에 '언약도Covenanter'라 불리는 개혁자들이 찰스 1세에 의해 또다시 순교를 당했습니다. 이들의 순교로 스코틀랜드는 복음의 열매를 맺게 되었고, 지금까지 녹스의 신앙을 고수해 오고 있습니다. 종교개혁 정신을 이어 받은 대학교로는 글래스고, 애버딘, 세인트앤드루스, 에든버러 등이 있습니다. 19세기에 이르러서는 복음주의의 물결로 인해 스코틀랜드에 자유주의가 유입되면서 정교유착을 거부하려는 '자유교회Free Church'가 세워졌습니다.

안타깝게도, 장로교회가 대세를 이루고 있는 우리나라에서는 스코틀랜드에서 시작된 장로교회와 존 녹스에 관한 글들을 쉽게 찾아볼 수 없습니다. 그런 때에 존 녹스에 관한 오늘의 이 책은 한국의 장로교인들에게 많은 통찰력을 안겨 주리라 믿습니다. 특히 존 녹스가 태어난 지 500주년이 되는 2014년이 되면 이를 기념하는 책들이 많이 출판되리라 생각됩니다. 그 여명을 알리는 이 책은 존 녹스에 대한 귀중한 안내서가 될 것이며, 장로교를 이해하는 데 길잡이 역할을 할 것입니다. 특히 한국에는 존 녹스를 소개하는 책이 드문 가운데, 이 책이 녹스의 삶과 사역은 물론 스코틀랜드의 종교개혁에 대한 입문서가 될 수 있으리라 믿습니다.

경건주의자들은 글 쓰는 것을 좋아하지 않았습니다. 그들은 백성들의 실천적 삶과 신앙 개혁에만 관심을 가질 뿐 책을 쓰거나 읽는 데는 힘과 시간을 쏟지 않았습니다. 필요할 때만 글을 썼기 때문에 심오한 생각을 하지 못했으며, 그들의 정신은 초심을 잃을 수밖에 없었습니다John F. Hurst, History of Rationalism, 3rd.(London: Tribner, 1867).

반면 청교도들은 책을 사랑했고, 기록으로 남기기를 원했습니다. 그 결과 경건주의와는 달리 청교도들의 사상은 후대에게 전달되고 유지되고 있습니다. 따라서 우리는 오늘의 청교도 사상을 내일의 후배들에게 남겨 주어야 할 책임과 의무를 집니다. 마찬가지로 존 녹스와 같이 교회사에서 잊혀져서는 안 될 귀한 주님의 종들의 사역과 그들의 사상을 잘 보존하고 길이 남겨야 할 것입니다.

　라은성 목사는 고신대학교(B.A.)와 총신대 신학대학원(M.Div.)을 거쳐 미국 Covenant Theological Seminary(Th.M.)와 Trinity Evangelical Divinity School(Th.M.)에서 공부하고, 남아공의 University of Pretoria(Ph.D.)에서 교회사로 박사학위를 취득했습니다. 국내에서는 국제신학대학원대학교에서 교회사 교수를 역임하였고, 현재 교회사 아카데미 대표와 새롬교회 담임목사로 섬기고 있습니다. 『여인들의 발자취』와 『이것이 복음이다』를 비롯하여 교회사와 관련된 여러 작품들을 저술하고 번역하였습니다.

| 존 녹스의 약력 |

스코틀랜드에서의 초기 생애

1514년 해딩턴Haddington에서 태어나다.

1536년 세인트앤드루스St. Andrews 대학교를 졸업하고 사제 서품을 받다.

1540년 공증인과 개인 교사로 활동하다.

1543년 그리스도를 영접하고 개혁 신앙을 받아들이다.

1545년 조지 위셔트의 제자이자 경호인으로 활동하다.

1546년 위셔트가 세인트앤드루스에서 순교의 이슬로 사라지고 비튼Beaton 추기경이 살해되다.

1547년 개신교 신자들과 함께 세인트앤드루스 성으로 피신하여 그곳에서 처음으로 설교하다. 성이 함락되고, 녹스가 붙잡혀 19개월 동안 프랑스 갤리선의 노예로 지내다.

잉글랜드에서의 사역

1549년 잉글랜드 버릭Berwick에서 큰 능력으로 말씀을 전해 성공을 거두다.

1550년 엘리자베스 보우스Elizabeth Bowes 부인과 그녀의 딸 마조리 보우스Marjory Bowes를 만나다.
1552년 런던에서 성찬식 때 무릎을 꿇는 관습에 대해 논쟁을 벌이다. 로체스터 주교직을 거부하다.
1553년 튜더 왕조의 메리Mary 여왕이 왕위에 오르자 유럽 대륙으로 망명하다.

박해를 피해 망명한 유럽에서의 사역
1554년 프랑스로 건너간 뒤 취리히를 거쳐 칼빈이 있는 제네바로 망명하다. 독일의 프랑크푸르트에서 잉글랜드 신자들을 대상으로 목회 활동을 전개하다.
1555년 예전Liturgical 논쟁으로 목회 활동을 중단하고 제네바로 돌아와 영국인 신자들을 상대로 목회 활동을 전개하다. 마조리 보우스와 결혼하고, 광범위한 설교 활동을 펼치다.
1556년 스코틀랜드에서 이단으로 단죄되다. 아내와 장모와 함께 제네바로 돌아오다.
1558년 『여성들의 극악한 통치를 반대하는 첫 번째 나팔 소리』
*The First Blast of the Trumpet Against the Monstrous Regiment of Women*를 저술해 경건하지 못한 통치자들에 대한 반역을 옹호하다.

스코틀랜드에서의 마지막 생애

1559년 스코틀랜드로 돌아오다. '우상 숭배'를 비판하는 설교를 하다. 그의 설교가 반란의 계기가 되다.

1560년 개혁 의회가 개신교 스코틀랜드 신앙고백을 채택하다. 아내 마조리가 사망하다.

1561년 '제1치리서' 작성에 참여하다. 가톨릭 신자인 스코틀랜드 여왕 메리가 돌아오다. 녹스는 에든버러의 세인트자일스교회에서 말씀을 전하다. 스코틀랜드의 여왕 메리와 첫 면담을 갖다.

1564년 마가렛 스튜어트Margaret Stewart와 재혼하다.

1566년 『스코틀랜드 종교개혁사』History of the Reformation of Religion in Scotland의 대부분을 집필하다.

1572년 에든버러에서 별세하여 세인트자일스교회당에 묻히다.

John Knox and The Reformation

하나님의 말씀을 너희에게 일러 주고
너희를 인도하던 자들을 생각하며
그들의 행실의 결말을 주의하여 보고
그들의 믿음을 본받으라

_ 히 13:7

1장

종교개혁을 기억하라

마틴 로이드 존스

Remembering the Reformation

사회자와 동료 신자 여러분, 오늘 이곳에서 강연하게 된 것은 지금까지 나에게 주어진 가장 큰 특권 가운데 하나입니다.[1] 나는 스코틀랜드 자유교회 친구들의 초청을 매우 귀하게 생각합니다. 오늘은 참으로 역사적인 날입니다. 나는 우리가 하나님이 기뻐하시는 일을 행하고 있다고 믿습니다. 나는 이 일이 하나님의 복과 은혜 아래 우리의 영혼에 귀하고도 유익한 결과를 가져오리라고 확신합니다. 그리고 이것이 이 나라는 물론 온 세상의 모든 민족에게 하나님의 온전하신 뜻이 전해지는 계기가 되기를 바랍니다.

스코틀랜드를 방문할 때마다 나는 이곳에 오는 일이 매우 즐겁다고 말합니다. 내가 복음에 관심이 있기 때문만이 아니

---

1) 역자주 – 스코틀랜드 종교개혁 400주년을 기념하기 위해 1960년 4월 5일에 에든버러 어셔홀에서 로이드 존스가 행한 강연입니다.

라 마음속으로 항상 여러분을 한 나라이자 민족으로서 깊이 존경하기 때문입니다.

여러분의 오랜 역사 속에서 오늘 우리가 함께 모여 기념하고 있는 이 사건, 곧 지금으로부터 400년 전에 일어난 하나님의 위대한 개혁운동보다 더 영광스럽고도 두드러진 사건은 없습니다. 그래서 나는 이런 이유로 에든버러를 다시 방문하게 되어 무척이나 기쁩니다.

존 녹스의 종교개혁을 기억해야 할 이유

오늘 사회자가 여러분에게 한 가지 질문을 던졌습니다. 이것은 마땅히 생각해 봐야 할 질문입니다. 많은 사람들의 마음속에 자연스레 이런 의문이 떠오를 것입니다. "그렇지 않아도 사방에서 우리를 옥죄는 문제가 너무나 많은데, 스코틀랜드의 종교개혁과 같은 사건을 온 세상과 더불어 생각해야 할 필요가 무엇인가? 400년이나 지난 이 사건을 굳이 돌이켜 생각해야 할 이유가 무엇인가?"

내가 이해하는 바에 따르면, 이런 모임을 거부하는 이유는 크게 두 가지입니다. 첫째는, 과거를 돌아보는 행위를 거부하는 보편적인 성향 때문입니다. 곧 과거의 일에서 배울 것이 전혀 없다고 생각하는 요즘의 정서 때문입니다. 오늘날 우리는 원자를 쪼개고, 온갖 지식을 향유하며, 어지러울 정도로 눈부신 기술 문명을 이룩한 20세기를 살아가고 있습니다. 우리의 조상들은 이런 세상을 꿈도 꾸지 못했습니다. 그런데 왜 과거를, 그것도 굳이 400년이나 지난 사건을 돌아봐야 하는지 참으로 궁금할 것입니다.

오늘날은 물론 지난 몇백 년 동안, 인간의 사고는 진화론의 영향을 받아 '인간이 시대를 거듭할수록 더욱 발전해 왔으므로 현재가 과거보다 항상 더 낫다'는 가설에 지배되어 왔습니다. 이런 사고는 과거를 돌아보거나 역사를 통해 교훈을 얻으려는 노력에 찬물을 끼얹었습니다. 이것이 첫 번째 이유입니다.

둘째는, 종교개혁은 불행한 사건이므로 이런 모임을 개최해서는 안 된다는 식의 논리 때문입니다. 이 견해는 요즘 매우 빠른 속도로 사람들의 신뢰를 얻고 있습니다. 사람들은 종종 '오늘날 우리가 마땅히 생각해야 할 문제는 단합이며, 따라서 400년 전에 일어난 교회의 분열과 혼란을 생각하는 데 시간을 할애하는 것은 죄를 짓는 것이나 다름없다'는 주장을 제기하곤 합니다. '종교개혁은 불행한 사건이므로 가능한 한 빨리 그 기억을 지워 버려야 하며, 온 힘을 다해 분열을 극복하고 로마교회와 다시 연합하여 하나의 위대한 세계 교회를 설립해야 한다'는 논리를 공공연하게 내세우는 견해가 개신교 진영에서 날로 세력을 얻고 있습니다. 참으로 개탄스러운 일이 아닐 수 없습니다.

내가 파악한 상황에 따르면, 이 두 가지가 오늘 저녁에 우리가 하고 있는 일을 반대하는 가장 큰 이유입니다.

그렇다면 우리는 왜 이런 일을 하고 있을까요? 이 모임이나 앞으로 있을 다른 모임을 정당화할 만한 근거는 무엇일까요?

솔직히 오늘 저녁에 이곳에서 우리가 하고 있는 일을 잘못된 방식으로 행하는 경우도 얼마든지 있을 수 있습니다. 단지 옛 일을 기억하고자 과거의 역사에 관심을 가지는 사람들이 있습니다. 그들은 다른 무엇보다 역사에 가장 큰 관심을 두고서 그저 취미 삼아 과거를 연구하고 과거의 기록을 읽을 뿐, 철학이나 종교의 관점으로 과거를 되새겨 보지는 않습니다. 그들은 단지 고대의 역사를 탐구하는 것을 좋아할 뿐입니다.

다른 분야에서도 이런 모습을 보이는 사람들이 있습니다. 어떤 사람들은 골동품을 수집하는 데 열의를 느낍니다. 그들은 옛것이라면 무조건 영광스럽게 생각합니다. 그들은 의자의 제작 연도에만 관심을 둘 뿐 그 실용적 가치는 따지지 않습니다. 이것은 일종의 골동품 애호주의입니다.

물론 우리도 얼마든지 역사적인 옛것을 좋아하는 동기에 지배될 수 있습니다. 그러나 그것은 안일하고 무가치한 태도에 지나지 않습니다. 단지 옛것을 감상하는 데 시간을 낭비하기에는 우리가 살고 있는 이 시대의 상황이 너무나 긴박하고 절실합니다.

지난번에 이 강단에 섰을 때, 나는 성경 본문 없이는 설교할 수 없다고 말하였습니다. 지금도 마찬가지입니다. 오늘의 모임에서 생각하기에 적절하다고 여겨지는 성경 본문이 두 곳 있습니다. 종교개혁과 같은 위대한 사건과 그 운동에 참여했던 위대한 사람들을 살펴보는 방식에는 두 가지가 있습니다. 곧 올바른 방식과 잘못된 방식이 있습니다. 첫째, 올바른 방식은 히브리서 13장 7,8절에서 찾아볼 수 있습니다.

"하나님의 말씀을 너희에게 일러 주고 너희를 인도하던 자들을 생각하며 그들의 행실의 결말을 주의하여 보고 그들의 믿음을 본받으라. 예수 그리스도는 어제나 오늘이나 영원토록 동일하시니라."

이것이 옛 시대의 신앙 위인을 바라보는 올바른 방식입니다. 그들에게서 배우고 그들을 본받고 따르기 위해서 그들을 바라보아야 하는 것입니다.

둘째, 잘못된 방식은 마태복음 23장 29-33절에서 찾아볼 수 있습니다. 이는 참으로 두렵고 끔찍한 말씀입니다.

"화 있을진저 외식하는 서기관들과 바리새인들이여, 너희는 선지자들의 무덤을 만들고 의인들의 비석을 꾸미며 이르되, 만일 우리가 조상 때에 있었더라면 우리는 그들이 선지자의 피를 흘리는 데 참여하지 아니하였으리라 하니, 그러면 너희가 선지자를 죽인 자의 자손임을 스스로 증명함이로다. 너희가 너희 조상의 분량을 채우라. 뱀들아 독사의 새끼들아, 너희가 어떻게 지옥의 판결을 피하겠느냐."

이것은 예수 그리스도께서 당시의 사람들에게 하신 말씀입니다. 여기에는 이런 뜻이 담겨 있습니다. "너희가 선지자들을 기리며 그들을 크게 높이는구나. 그들의 무덤을 보살피고 아름답게 꾸미며, 그들이 진정 위대한 사람들이었다고 말하는구나. 그들은 참으로 고귀하고 놀라운 사람들이니 늘 잊지 말고 기억하자고 말하는구나. 또 너희 조상이 그들을 죽인 것이 끔찍한 불행이었으며, 너희가 그때 살았더라면 그런 사악한 행위에 절대로 동참하지 않았을 것이라고 주장하는구나.

선지자들의 말을 듣고 그들을 따랐을 것이라고 말이다. 이 위선자들아, 참으로 너희가 그렇게 하였을 것 같으냐?"

예수님께서 무슨 근거로 그렇게 말씀하셨을까요? 그 근거를 생각해 봅시다. 예수님은 그들이 현재 선지자의 계승자들을 대하는 태도를 보고서 그들의 진실성을 시험하셨습니다. 그렇다면 그들은 옛 선지자들과 똑같은 메시지를 전하는 사람들을 어떻게 대했을까요? 예수님은 그들에게 "너희는 선지자들을 존경한다고 주장하면서도 그들과 마찬가지로 예언자의 전통에 서서 동일한 메시지를 전하는 나 같은 사람을 핍박하고 죽이기 위해 음모를 꾸미느냐?"라고 말씀하셨습니다.

주님의 말씀에 따르면, 과거의 신앙 위인들을 기리고 찬양하면서도 얼마든지 공공연히 위선을 저지를 수 있습니다. 오늘밤 우리의 진실성을 시험할 잣대는 바로 이것입니다. "우리는 과연 존 녹스와 그의 동료 개혁자들이 전한 메시지와 동일한 메시지를 전하는 사람들을 어떻게 생각하고 어떻게 대우하는가?"

모두 알다시피 우리에게 이 모임은 매우 중요합니다. 우리 자신을 깊이 살피고 성찰하겠다는 생각 없이 이런 모임을 가지는 것은 의미가 없습니다. 어쩌면 이 모임에 참석했다는 사실 자체가 우리가 하나님의 위대한 선지자들을 존경하고 있다는 표시인지도 모릅니다. 그러나 실제로도 그런지 조금은 궁금합니다. 우리가 우리의 구원자이신 주 예수 그리스도의 말씀의 빛으로 우리 자신을 비춰 볼 수만 있다면, 이 모임은 나름대로 큰 의미를 지닐 것입니다.

그렇다면 우리가 이렇게 모인 이유는 무엇입니까? 우리의 모임에 어떤 정당성을 부여할 수 있을까요? 이미 사회자가 한 가지 대답을 제시했습니다. 사실 종교개혁을 모르고서는 스코틀랜드의 역사를 이해할 수가 없습니다. 종교개혁은 이 위대한 나라의 지난 400년의 역사를 이해하는 열쇠입니다. 스코틀랜드의 현재가 종교개혁의 결과라는 것은 분명하고도 확실한 사실입니다. 따라서 다른 이유가 더 없더라도 이 이유 하나만으로도 충분할 것입니다.

스코틀랜드는 교육과 지식과 문화로 유명한 나라입니다. 모두가 이 사실을 알고 있습니다. 스코틀랜드의 농부들은 탁월한 문화와 지성과 교양과 능력을 갖추고 있습니다. 그 이유는 무엇일까요? 분명히 혈통의 문제는 아닙니다. 왜냐하면 종교개혁 이전에는 그들이 애처로울 정도로 무식하고 낙후되고 무지했기 때문입니다. 그러나 지금은 온 세상이 스코틀랜드를 교육에 대한 관심과 지식을 추구하는 열정이 매우 높은 나라로 알고 있습니다. 과연 무엇이 이런 결과를 낳았을까요? 그 대답은 바로 종교개혁입니다. 이것은 종교적인 이유와 상관없이 그 자체로 종교개혁의 의미를 되새겨야 할 매우 중요하고도 강력한 이유가 됩니다.

나는 여기에 한 가지 이유를 더하고자 합니다. 우리가 400년 전에 일어난 종교개혁을 생각해야 하는 이유가 무엇일까요? 솔직히 나는 이 이유를 가장 중요하게 여깁니다. 그것은 바로 오늘날의 시대 상황입니다. 나는 본래 강사나 역사가가 아니라 설교자입니다. 앞서 말한 대로 나는 고대의 것을 좋아하는 것이 아니라 역사를 좋아할 뿐입니다. 내가 역사에 관심을 기울이는 이유는 설교자로서 오늘의 상황이 종교개혁 이전의 상황과 점점 닮아 가는 것을 깊이 우려하기 때문입니다.

우리는 종교개혁 이전에 이 나라는 물론 대영제국 전체의 도덕적 상태가 어떠했는지를 잘 알고 있습니다. 도처에 온갖 악덕과 부도덕과 죄가 횡행했습니다. 사회가 매우 빠르게 그때와 똑같은 상태로 바뀌고 있습니다. 도덕적, 사회적 타락이 너무나 심각합니다. 종교개혁 이전에 나타났던 문제들이 도처에서 기승을 부립니다. 이 나라의 도덕적 상태와 사회적 문제, 청소년 범죄와 술 취함, 절도와 강도, 악덕과 범죄 등 모든 것이 종교개혁 이전으로 되돌아가고 있습니다.

그런데 이런 상황은 단지 도덕적, 사회적 문제에만 국한되지 않습니다. 교회의 상태는 어떠합니까? 스코틀랜드 교회는 괜찮습니까? 교회의 신자들은 어떠합니까? 얼마나 많은 사람들이 교회에 출석하고 있습니까? 우리는 종교개혁 이전의 상태로 돌아가고 있습니다. 교회의 권위는 어떠합니까? 교회 안에서 교리의 상태는 또 어떠합니까? 종교개혁 이전에 나타난 큰 혼란, 곧 교리적 혼란과 무관심이야말로 요즘 교회의 가장 큰 특징이 아닙니까? 아마도 무엇보다 놀라운 것은 로마 가톨릭교회의 세력과 영향력과 수가 날로 증가하고 있을 뿐 아니라 그들의 가르침이 개신교 교회에까지 침투해 큰 호응을 얻고 있다는 사실일 것입니다.

이를 의심할 근거가 없습니다. 실제로 현실이 그러합니다. 의식과 예식은 갈수록 늘어나는데 말씀 선포는 갈수록 줄어들고 있습니다. 종교개혁 이전의 상태로 되돌아가려는 경향이 뚜렷이 나타납니다. 설교 시간이 점점 짧아지고 있습니다. 참된 교리에 대한 무관심과 권위의 상실, 그로 인한 결과들이 교인의 숫자에까지 영향을 주고 있습니다.

신자 여러분, 오늘날 우리가 교회의 생존과 기독교 신앙의 본질을 위해 사투를 벌이는 중이라고 말한다면 과장일까요? 내가 보기에 이보다 더 걱정스러운 일은 없는 듯합니다. 우리는 400년 전에 일어난 엄청난 개혁운동을 통해 주어진 귀중한 신앙 유산을 지키기 위해 싸우고 있습니다. 이보다 더 긴박한 이유는 없습니다. 고대의 역사를 음미하는 사치를 부릴 여유가 없습니다. 우리가 이런 일에 관심을 기울여야 하는 이유는 우리가 처한 오늘날의 현실 때문입니다.

그러나 사람들은 "교회는 왜 과거로 돌아가 거기에서 해결책을 찾으려고 하는가? 다른 모든 곳, 곧 삶의 다른 모든 분야에서 이루어지고 있는 일들을 왜 유독 교회만 외면하려 하는가?"라고 물을지도 모릅니다. 얼마 전에 복음주의 진영에서 발행한 주간 신문에서 "왜 교회는 현상 유지에 머물러 있는가?"라는 기사를 읽었습니다. 그 기사를 쓴 사람은 이렇게 말했습니다. "경제계를 비롯해 도처에서 사람들은 실험하고 비밀 연구원들을 고용하고 각종 연구 활동을 벌여 새로운 방법과 새로운 기계 등 새로운 것을 찾으려고 노력한다. 그런데 왜 교회는 그렇게 하지 않는가? 교회는 항상 과거의 향수에만 젖어 있는 듯하다."

사람들은 교회의 그런 태도를 잘못된 것으로 간주합니다. 그런 비난에 대해 나는 이렇게 대답하고 싶습니다. 종교개혁이 가르치는 많은 교훈 중에서도 '과거로 돌아가는 것'이 바로 교회의 사역과 성령께 속한 일을 승리로 이끄는 비결임을 깨달아야 합니다. 사실 400년 전에도 종교개혁자들은 1세기로 돌아갔습니다. 그들은 신약성경으로 돌아갔습니다. 성경으로 돌아갔습니다. 그들은 갑자기 복음의 메시지를 발견하고, 그것으로 돌아갔습니다.

루터와 칼빈의 이야기 가운데, 그들이 아우구스티누스Augustine가 이미 발견했지만 그 뒤로 오랫동안 잊혀졌던 것을 다시금 발견하는 과정은 특히 흥미롭습니다. 나는 본원적인 원형과 기원, 곧 신약성경에서만 발견되는 규범과 기준으로 되돌아가는 데서 새로운 회복의 길을 찾을 수 있다는 것이야말로 종교개혁이 주는 가장 큰 교훈이라고 확신합니다. 바로 400년 전에 정확히 그 일이 일어났습니다. 종교개혁자들은 근본으로 돌아가 신약성경에 일치하는 교회를 설립하려고 노력했습니다.

오늘 저녁에 우리가 그들을 기리고 그들에게서 교훈을 배우려고 한다면, 우리도 마땅히 그들처럼 행해야 할 것입니다.

종교개혁의 의의

그렇다면 400년 전에 도대체 무슨 일이 일어났던 것일까요? 다양한 견해가 있겠지만, 종교개혁이 가장 주목할 만한 역사적 사건 가운데 하나라는 점에 대해서는 이견이 없을 줄 압니다. 종교개혁이 교회의 역사뿐만 아니라 온 세상의 역사를 바꾸어 놓았다는 말은 조금도 과장이 아닙니다. 여기에는 의문이 있을 수 없습니다. 역사가들도 종교개혁이 민주주의 정부의 초석을 놓았다고 인정합니다. 이는 엄연한 역사적 사실입니다.

오늘날 세계의 모든 나라가 미국을 주시하고 있습니다. 미국이라는 나라가 어떻게 세워졌습니까? 종교개혁이 일어나지 않았다면 미국은 절대로 세상에 등장하지 못했을 것입니다. 메이플라워호를 타고 대서양을 건너간 청교도 조상들은 종교개혁의 후예들입니다. 종교의 자유만이 아니라 정치적 자유를 갈망했던 그들은 목숨을 걸고 대서양을 건넜으며, 신세계에 새로운 삶, 새로운 국가, 새로운 정부 체제를 건설했습니다. 종교개혁을 배제하고서는 미국의 역사를 도저히 설명할 수가 없습니다.

또한 종교개혁은 정치 현장에 민주주의 이상을 심어 주었습니다. 그 결과가 사회와 도덕에 끼친 영향은 가히 말로 형용하기조차 어렵습니다. 스코틀랜드만 보더라도 과거에는 술 취함과 방탕과 무지에 사로잡혀 있던 나라였지만, 지금은 건전하고 의롭고 유능하고 지적인 능력을 갖춘 나라로 유명해졌습니다. 이 모든 결과가 종교개혁에서 비롯되었습니다.

나는 지금 이 순간에 무엇부터 말해야 할지 잘 모르겠습니다. 모두 알다시피 주제가 매우 방대합니다. 본론으로 들어가기 전에 하고 싶은 말이 있습니다. 이것은 오늘날 반드시 배워야 할 가장 중요한 교훈 가운데 하나입니다.

오늘날 모든 사람은 도덕적 문제를 의식하고 있습니다. 사람들은 의회 법안, 교도소 개혁, 교도소에서의 심리 치료 등을 비롯하여 여러 가지 방편을 통해 이 문제를 다루려고 애씁니다. 그러나 큰 성공을 거두는 것 같지는 않습니다. 왜냐하면 경건한 믿음이 없는 한 도덕성도 없기 때문입니다. 지난 수백 년 동안 나타난 불행은, 기독교 교리를 버리더라도 그 윤리만 굳게 붙들고 있으면 된다는 생각에서 비롯되었습니다. 지금까지 그런 생각이 우리를 지배하고 있습니다. 그러나 그것은 터무니없는 생각입니다. 로마서에 기록된 단 한 말씀만 보더라도 그런 생각이 잘못되었음을 단번에 알 수 있습니다. 바울은 로마서 1장 18절에서 이렇게 말합니다.

"하나님의 진노가 불의로 진리를 막는 사람들의 모든 경건하지 않음과 불의에 대하여 하늘로부터 나타나나니."

보다시피, 경건이 먼저 언급되고 난 다음에 불의가 언급됩니다. 경건한 사람들이 없으면 의로운 사람들도 없습니다. 경건한 믿음이 없으면 의로운 삶도 없습니다. 종교개혁은 이 사실을 가장 극명하게 보여 주는 실례입니다. 경건한 믿음을 가지면 의로움과 도덕성은 저절로 따라오기 마련입니다.

오늘날 우리는 경건한 믿음을 배제한 채 윤리와 의로움과 훌륭한 도덕적 개념만을 추구하려고 애씁니다. 그러나 우리가 목격하는 것처럼 그런 일은 한마디로 일어날 수가 없습니다. 이 자리에 사회학자나 정치가, 또는 도덕적 문제에 관심을 가진 사람이 있다면, 가서 종교개혁의 역사를 읽어 보라고 권하는 바입니다. 그러면 국가의 품격을 높일 수 있는 방법이 먼저 경건한 믿음을 세우는 것뿐임을 깨닫게 될 것입니다. 경건한 믿음을 세울 때 의로움은 자연스레 뒤따라올 것입니다.

앞서 말한 대로 종교개혁은 단순히 종교만을 위한 운동이 아니었습니다. 그것은 온 세상에 영향을 미친 운동이었습니다. 스코틀랜드만이 아니라 잉글랜드와 프랑스, 네덜란드와 스위스, 독일을 비롯해 유럽의 여러 나라에서 종교개혁이 일어났습니다. 종교개혁은 하나님의 성령께서 일으키신 위대한 운동으로서, 스코틀랜드도 그 안에서 당당히 한몫을 차지했습니다.

그러면 우리는 종교개혁에서 무엇을 발견할 수 있을까요? 지금은 몇 가지 제목만 제시하겠습니다. 자세한 내용을 알고 싶다면 사회자가 저술한 책을 기꺼이 추천하는 바입니다.[2] 그의 책은 실제로 일어난 상황을 명확하게 진술하고 있습니다. 매우 흥미롭고도 감동적인 이야기가 아닐 수 없습니다. 구입해서 읽고 음미해 보기 바랍니다. 당시의 전반적인 상황은 물론 스코틀랜드만의 독특한 상황을 알게 될 것입니다.

남쪽에서 온 우리가 말하지 않을 수 없는 특별한 장점 중 하나는 스코틀랜드의 개혁이 순수한 개혁이었다는 사실입니다. 스코틀랜드에는 왕이 결혼 생활의 어려움이나 소원한 부부관계로 고민한 일이 없었습니다. 스코틀랜드는 그런 문제에서 자유로웠습니다. 그래서 순수한 개혁이 이루어졌습니다. 나

---

[2] A. M. Renwick, *The Story of the Scottish Reformation*(London: IVF, 1960). 지금은 '크리스천 포커스 출판사'에서 발행하고 있습니다.

는 스코틀랜드의 교회가 다른 교회에 비해 더 순수하다고 믿습니다. 그러나 전반적으로 이곳에서 일어난 일 역시 대부분의 국가에서 일어난 일과 똑같았습니다.

종교개혁자에게서 얻는 교훈

그렇다면 우리는 무엇을 배울 수 있을까요? 무엇보다 우리의 관심을 끄는 것은 하나님께서 도구로 사용하신 사람들입니다. 패트릭 해밀턴Patrick Hamilton, 조지 위셔트, 존 녹스, 앤드류 멜빌Andrew Melville, 존 웰시John Welsh를 비롯한 많은 사람들이 있습니다. 이들은 모두 하나님의 사람이라고 불릴 만한 자격을 갖추고 있었습니다. 그들은 강인하고 영웅적인 위인들이었습니다.

사회자는 역사 숭배자라고 해서 미안한 마음을 가질 필요가 없습니다. 나는 영웅 숭배자이니까요. 여러분은 무엇이 좋습니까? 나는 위인을 존중하고, 그들의 이야기를 즐겨 읽습니다. 오늘날과 같은 소인들의 시대에 위대한 사람들의 이야기를 읽는 것은 유익한 일입니다. 우리는 모두 비슷하지만, 과거 이곳에는 위대한 사람들이 있었습니다. 그들은 탁월한 지성을 지닌 유능한 사람들이었습니다. 논리와 이성도 뛰어나며 올곧았습니다. 또한 그들의 열정과 용기를 보십시오. 솔직히 여왕을 두렵게 만들 만한 사람은 존경스럽습니다. 그런 사람은 우리에게 많은 감명을 줍니다. 그러나 그중에서도 가장 주목할 만한 점은 그들 안에 불길처럼 타오른 확신입니다. 바로 그 확신 때문에 그들은 위대한 사람이 될 수 있었습니다.

교리적 확신

그들의 확신은 무엇이었을까요? 그들은 무엇을 믿었으며, 무엇을 가르쳤을까요? 그들은 어떤 특징을 지녔을까요? 가장 명백한 특징은, 그들이 성경의 권위를 믿었다는 것입니다. 종교개혁 이전의 교회는 인간의 영리함과 총명과 비판 능력을 자랑하는 스콜라주의 철학의 지배 아래 죽은 듯 깊은 잠에 빠져 있었습니다. 스콜라주의 철학은 온통 안개에 감싸인 듯 모호한 일반 원리와 개념들을 다루었고, 사람들은 전적인 무지에 사로잡혀 있었습니다. 가르치고 강의하는 사람들은 철학적 개념을 주장하고 이론들을 서로 비교하면서 세밀하고도 사소한 일에까지 사변을 즐겼습니다. 그러나 종교개혁자들은 성경으로 돌아갔습니다. 이것이 그들의 가장 위대한 특징입니다.

종교개혁자들은 성경 외에는 아무것도 중요하지 않다고 말했습니다. 그들은 구약과 신약에 기록된 하나님의 말씀은 이론이나 사변, 또는 추론이 아니라 살아 계신 하나님께서 사람들에게 하시는 말씀이라고 강조했습니다. 하나님께서 선지자들에게 말씀을 주시고는 기록하게 하셨으며, 이 성경이 지금 우리에게까지 전해졌습니다. 이 성경은 그 자체의 범주를 지니는 책으로, 하나님과 인간, 그리고 인간들이 함께 모여 살아갈 수 있는 유일한 방법을 계시하고 있습니다. 종교개혁자들은 스콜라주의 철학이 아니라 바로 이런 성경의 권위를 옹호했습니다.

이것이 종교개혁의 역사를 돌아보아야 하는 중요한 이유입니다. 지금 가장 긴박한 문제는 바로 하나님의 말씀으로 되돌아가는 것이 아닙니까? 성경이 권위 있는 책입니까, 아닙니까? 우리가 성경보다 더 높은 위치에서 아래로 내려다보면서 "그것은 사실이 아니야. 이것은 이렇고 저것은 저래야 해"라고 말할 수 있습니까? 우리가 지니고 있는 20세기의 지식이 성경의 진실성을 판단하고 결정하는 궁극적인 잣대입니까?

100년 전에 이런 생각이 은밀히 확산되기 시작한 이후부터 교회는 날로 쇠퇴했습니다. 그러나 종교개혁자들은 하나님의 말씀인 성경을 모든 것의 근거로 삼았습니다. 그들은 성경을 판단하지 않고 그 가르침을 충실히 전했습니다. 우리도 그런 전통을 다시 회복해야 합니다. 성경의 권위를 다시 인정하기 전에는 교회의 건강과 권위를 되찾을 수 없습니다. 인간이 성경에 기록된 내용이 사실이 아니라고 판단하는 한, 성경을 하나님의 말씀으로 거론하는 것 자체가 모순입니다.

성경은 일관성과 통일성을 지닙니다. 주 예수 그리스도께서는 구약성경을 믿었습니다. 그분은 부활하신 뒤에 제자들에게 모세의 글과 시편과 선지자의 글을 통해 자신에 대한 진리를 가르쳤습니다. 예수님은 "그 말씀이 곧 나에 관한 것이다. 내가 그 사실을 가르쳐 주겠다. 그 글을 읽어 보라. 왜 그 말씀을 깨닫지 못하느냐? 왜 선지자들이 기록한 것을 믿지 않느냐?"라고 말씀하셨습니다. 그것이 그들의 문제였습니다. 교회가 쇠퇴하는 시대에도 항상 그런 문제가 있었습니다. 우리는 종교개혁자들의 입장으로 되돌아가 성경의 권위 외에는 그 어떤 권위도 없다는 사실을 인정해야 합니다.

우리는 성경에서 '하나님의 주권'이라는 위대한 교리를 발견합니다. 우리는 흔히 주관적인 방법으로 문제에 접근하려 합니다. 그러나 종교개혁자들은 '하나님의 주권' 교리를 통해 주관적 접근 방법이 잘못되었음을 깨달았습니다. 그들은 "내가 어떻게 도움을 받을 수 있을까? 어떻게 해야 육체의 질병을 치료받을 수 있을까? 어떻게 인도하심과 행복과 평화를 얻을 수 있을까? 어떻게 나의 외로움을 달래 줄 친구를 얻을 수 있을까?" 하는 문제에는 아무 관심이 없었습니다. 그들은 전능한 주권자이신 하나님 앞에서 자신을 바라보면서, "어떻게 하나님 앞에서 의로운 사람이 될 수 있을까?"라는 문제만을 생각했습니다. 그들은 하나님 앞에 머리를 조아렸습니다.

그들은 경건한 사람들, 곧 하나님을 경외하는 사람들이었습니다. 하나님은 그들의 생각과 행위와 삶을 주관하시는 분이셨습니다. 이것이 하나님의 주권 교리입니다. 내가 읽은 바에 따르면, 그들은 인간의 자유의지를 주장하지 않았습니다. 하나님께서 모든 일을 주관하신다는 사실을 깨닫고 그분을 경외하며 경배할 뿐이었습니다.

다음으로, 주 예수 그리스도와 그분의 완전한 구원 사역에 관한 교리를 생각해 봅시다. 종교개혁자들은 십자가에 못 박히신 그리스도를 애처롭게만 생각하지 않았습니다. 그들은 그리스도께서 자신들의 죄를 대신 짊어지셨다고 믿었습니다. 그들은 하나님께서 인류의 죄를 그리스도에게 맡기셨다는 사실을 깨달았습니다. 하나님은 우리의 죄를 그리스도께 맡기시고 그 죗값을 대신 치르게 하셨습니다. 종교개혁자들은 그리스도를 대속자로 믿었습니다. 이것이 '대리 속죄' 교리입니다. 그들은 대리 속죄를 매우 소중하게 생각하고는 이 교리를 전했습니다. 그들은 그리스도의 완전한 속죄 사역을 믿고, 그 안에서 기뻐했습니다.

대리 속죄 교리에서 '이신칭의以信稱義'라는 또 하나의 핵심 교리가 파생되었습니다. 나의 판단이 틀릴 수도 있지만, 오늘날의 상황을 볼 때 현재의 가장 큰 논쟁은 이신칭의를 둘러싼 논쟁이 아닌가 싶습니다. '행위'를 강조하는 주장이 다시 살아났습니다. 두 주 전에 한 종교 신문에서 '성인 길버트Saint Gilbert'라는 제목의 기사를 읽었습니다. 그 기사를 쓴 사람은, 길버트라는 기독교인이 분명히 성인이므로 '성인'이라는 호칭을 그에게 부여해 존중하는 것이 마땅하다는 견해를 피력했습니다. 그는 이렇게 덧붙였습니다. "물론 나는 그가 실제로는 스스로를 합리주의적 불가지론자라고 일컬었다는 것을 알고 있다."

길버트라는 사람이 합리주의적 불가지론자를 자처했는데도 그 신문 기사는 그를 성인으로 인정했습니다. 그 기사는 그의 삶을 그런 주장의 근거로 삼았습니다. 그가 선하고 고상한 삶을 살았으며, 지극히 높은 이상을 품고서 국제 연맹의 발전을 위해 헌신적인 노력을 기울여 인류의 정신을 드높였으며, 전쟁의 종식을 위해 노력하고 전쟁을 반대했으므로 그가 성인이라는 것입니다. 비록 하나님의 존재를 부인하고, 성경을 하나님의 말씀으로 인정하지 않으며, 주 예수 그리스도를 믿지 않았더라도 그가 성인이라는 것이 그 기사의 취지였습니다. 그러면 무엇이 사람을 성인으로 만드는 것일까요? 그 기사에 따르면, 그 사람의 삶 곧 행위입니다.

우리는 이신칭의를 믿지 않는 시대에 살고 있습니다. 그리스도의 신성을 믿는 신앙을 의심스럽게 여길 뿐 아니라 속죄 교리도 믿지 않고 '생명의 존엄성'만을 신조로 삼는 사람이 '20세기의 가장 위대한 기독교인'으로 추앙되고 있습니다. 그런 사람을 20세기의 가장 위대한 성인이자 기독교인으로 높입니다.

사람들은 "그의 삶을 보라. 그가 행한 일을 보라. 그는 좋은 직업을 포기하고 아프리카로 갔다. 그는 많은 고난을 감내했다. 그가 무엇을 포기했는지 보라. 그는 부자가 되고 번영하는 삶을 누릴 수 있는데도 그리스도처럼 살고 있다. 그는 그리스도를 본받고 있다. 그는 그리스도께서 행하신 일을 행하고 있다"라고 말합니다. 보다시피 믿음은 중요하지 않습니다. 그들은 삶이 사람을 기독교인으로 만든다고 주장합니다. 선하고 희생적인 삶을 살고 인류의 정신을 드높이며 그리스도를 본받으려고 노력한다면, 설령 그가 그리스도의 신성과 속죄를 부인하고, 기적과 초자연적인 것과 부활을 믿지 않는다 하더라도 그를 위대한 기독교인이자 성인으로 인정합니다.

여러분, 존 녹스를 비롯한 종교개혁자들은 그런 가르침을 부인하고, 행위가 아니라 믿음으로만 의롭다하심을 받을 수 있다고 주장했습니다. 곧 인간의 행위가 아니라 하나님의 은혜로 구원을 받으며, 하나님이 경건하지 않은 사람을 의롭게 여기시고 죄인을 불러 화목하게 하셨다는 주장을 제기했습니다. 그리고 그 이유만으로 그들은 날마다 생명의 위험을 감수해야 했습니다.

구원은 인간이 아니라 하나님의 사역입니다. 행위는 어떤 형태나 모양으로든 구원에 개입할 수 없습니다. 이신칭의를 위한 싸움이 다시 시작되었습니다. 이런 모임과 기념행사가 다른 데는 기여하지 못할지라도 한 가지, 즉 이신칭의 교리의 절대적 중요성을 재발견하는 데는 크게 기여할 것이 틀림없습니다.

또한 종교개혁자들은 구원의 확신을 소유할 수 있다고 믿었습니다. 내가 좀 논쟁적입니까? 종교개혁자들처럼 구원의 확신을 믿습니까? 존 녹스를 비롯해 종교개혁자들을 기리는 사람들 중에도 구원의 확신을 소유하는 것을 부인하고 그것을 주제넘은 일이라고 생각하는 사람들이 있습니다. 웨스트민스터 신앙고백은 구원의 확신이 없어도 구원받을 수 있다고 진술함으로써 구원 신앙과 확신(인간의 의지에서 비롯되는 확신)을 조심스럽게 구분합니다. 나는 웨스트민스터 신앙고백에 기꺼이 동의합니다. 다만 종교개혁자들은 인간은 구원을 확신할 수 없다고 가르치는 로마 가톨릭교회에 강력히 맞서다 보니 그런 구분에 신경을 쓰지 않았습니다. 그들은 스스로 개혁되었다고 주장하면서도 확신의 가능성을 부인하는 현대의 신앙 운동에 대해서도 분명히 똑같이 맞설 것입니다.

종교개혁자들은 확신을 가지지 못하면 참된 구원에 이를 수 없다고 말했습니다. 그들의 견해를 모두 살펴보지 않더라도 이 한 가지 사실은 분명합니다. 곧 교회가 권위 있고 힘 있고 강력할 때는 믿음의 대상을 분명히 알고 믿음의 온전한 확신을 담대히 외치는 목회자와 설교자들이 주를 이루었습니다.

순교자들이 왕과 여왕과 위정자와 지방 세력가 앞에서 미소를 지으면서 기꺼이 형장으로 걸어갈 수 있었던 것은 바로 그런 확신이 있었기 때문입니다. 그들은 나무에 묶여 처형되는 순간에 곧바로 하늘나라로 올라가 영광을 누리며 주님과 얼굴을 마주 대하게 되리라고 믿었습니다. 그들은 구원의 확신 속에서 즐거워했습니다.

지금까지 열거한 핵심 교리를 마무리하면서 종교개혁자들의 주된 확신 중 몇 가지를 더 나열하고자 합니다. 종교개혁자들은 '만인사제설the universal priesthood'을 믿었습니다. 또한 그들은 예배의 단순성을 주장했습니다. 그들은 우상과 예복과 형상과 의식을 배격하고, 단순한 예배를 지향했습니다. 그들은 무엇보다 순수한 교회를 원했습니다. 그들은 교회의 세 가지 표징에 관하여 '교회는 순수한 복음이 전파되는 곳이자 성례가 집행되는 곳이요 권징이 실시되는 곳'이라고 가르쳤습니다. 그들은 의심하는 사람, 세상과 세상의 길과 죄를 좋아하는 성향이 행위로 드러나는 사람은 절대 들어올 수 없는 순결한 교회를 원했습니다. 교회는 그리스도의 몸이기 때문입니다. 이것이 그들의 확신이자 그들이 주장한 교리였습니다.

기도의 사람

종교개혁자들에게서 발견되는 또 하나의 모습은, 그들이 능력 있는 기도를 드렸다는 점입니다. 그들이 교리에서 출발한 것은 사실이지만, 그들을 단지 교리의 관점에서만 생각해서는 안 됩니다. 그들에게는 주목할 만한 두드러진 특징이 하나 더 있습니다. 즉, 그들은 기도의 사람이었습니다.

스코틀랜드의 여왕 메리는 잉글랜드 군대보다 존 녹스의 기도를 더욱 두려워했습니다. 왜 그랬을까요? 그가 기도의 능력을 나타내는 사람이었기 때문입니다. 존 녹스의 사위 존 웰시John Welsh의 기도 생활에 관해 읽은 적이 있습니까? 그는 많은 밤을 기도로 지새웠습니다. 한밤중에 눈을 뜬 그의 아내는 석상처럼 무릎을 꿇고 앉아 있는 그의 모습을 종종 목격했습니다. 그가 무엇을 하고 있었을까요? 그는 자신이 섬기는 마을 사람들을 위해 기도하고, 능력과 권위를 구했습니다.

종교개혁자들은 모두 기도로 충만한 사람들이었습니다. 그들은 교리가 아무리 정통적이고 바르다고 해도 자신의 힘으로는 아무것도 할 수 없음을 믿었으며, 기도에 많은 시간을 할애했습니다.

그런 사람들 가운데 로버트 브루스Robert Bruce라는 사람이 있었습니다. 어느 날 그는 다른 성직자 몇 사람과 함께 기도하다가 그들에게 생기와 활력이 없다는 사실을 발견했습니다. 그래서 그는 그들에게 성령을 보내 달라고 하나님께 부르짖었습니다. 그러나 아무 일도 일어나지 않았습니다. 그러자 그는 탁자를 쾅쾅 두드리기 시작했습니다. 그 순간 그들은 하나님이 자신들에게 임하시는 것을 깨달았습니다. 나중에 사람들은 브루스를 가리켜 성령과 겨루어 이긴 사람이라고 말했습니다.

오늘날 우리에게도 그런 사람이 필요하지 않습니까? 어디에 능력이 있고, 영향력이 있고, 권위가 있습니까? 종교개혁자들은 우리와 같은 사람들이었지만, 어디에 능력과 영향력과 권위가 있는지를 잘 알고 있었습니다. 그들은 하나님이 없으면 아무것도 할 수 없다고 믿고서 그분의 임재 안에서 살아간 기도의 사람들이었습니다.

예언자적 설교

이런 사실들은 마지막으로 종교개혁자들의 설교를 생각하게 만듭니다. 앞서 말한 대로 종교개혁자들은 설교를 다시 회복하여 의식과 성례 대신 설교를 예배의 중심으로 삼았습니다. 그런데 한 가지 더 기억해야 할 사실은 그들이 참된 설교를 전했다는 것입니다. 20분 동안 말씀을 전했다고 해서 반드시 설교가 되는 것은 아닙니다. 성경 본문을 선택하여 말씀을 잘 분석했다고 해도 그것을 반드시 설교라고 할 수는 없습니다. 참된 설교를 해야 합니다.

그렇다면 참된 설교에 대한 증거는 무엇일까요? 바로 능력입니다. 바울 사도는 데살로니가전서 1장 5절에서 "이는 우리 복음이……능력과 성령과 큰 확신으로 된 것임이라"라고 말합니다. 누가 그런 확신을 가졌습니까? 바로 종교개혁자들이었습니다. 그들은 놀라운 역사가 일어나고 있다는 것을 의식했습니다. 또한 그들은 하나님께서 자신을 사용하신다는 사실, 곧 자신이 거룩하고도 영원한 은혜를 나르는 통로라는 사실을 알았습니다. '큰 확신'이라는 표현에 주목하기 바랍니다. 종교개혁자들은 그런 설교를 전했습니다.

그들은 제사장적 설교가 아니라 예언자적 설교를 했습니다. 그러나 오늘날 우리가 듣는 설교는 주로 제사장적 설교입니다. 자상하고 조용하며 수려한 문체와 문장으로 이루어진, 잘 짜여진 설교가 주를 이룹니다. 그런 설교는 예언자적 설교가 아닙니다. 예언자적 설교에는 권위가 필요합니다. 존 녹스가 그런 식으로 잘 짜여진 설교로 스코틀랜드 여왕 메리를 두렵게 할 수 있었다고 생각합니까?

종교개혁자들은 책으로 출판할 생각으로 설교 원고를 작성하지 않았습니다. 그들은 사람들에게 실질적인 영향을 미쳐 변화의 역사가 일어나기를 바라는 마음으로 그들 앞에서 말씀을 외쳤습니다. 그들의 설교에는 권위가 있었습니다. 그것은 선포이자 외침이었습니다.

교회가 오늘날과 같은 상황에 처했다는 것은 참으로 놀라운 일입니다. 우리는 더 이상 설교를 믿지 않습니다. 그렇지 않습니까? 예전에 이곳 스코틀랜드에서는 긴 설교가 유행했습니다. 그런데 지금은 모두가 그런 설교를 좋아하지 않는다는 말을 들었습니다. 20분 넘게 설교하는 설교자를 못마땅하게 생각한다고 합니다.

어제 기차에서 케임브리지의 엠마누엘 칼리지Emmanuel College 초대 학장을 지낸 채더턴Chadderton에 관한 글을 읽었습니다. 그는 16세기의 인물입니다. 한번은 그가 설교를 하다가 두 시간이 지나자 설교를 중단하고 "용서하십시오. 너무 많은 말을 했습니다. 더는 못할 것 같군요"라고 양해를 구했다고 합니다. 그러자 청중이 "하나님을 위해 계속해 주십시오"라고 외쳤다고 합니다. 내가 아무리 말씀을 잘 전해도 그런 일은 절대 일어나지 않을 것 같습니다.

종교개혁자들은 권위 있는 예언자적 설교를 전했습니다. 그들의 설교는 선포요 외침이었습니다. 그들의 설교관은 오늘날 우리가 생각하는 우호적 논의와는 거리가 멀었습니다. 라디오 방송에서 설교가 갈수록 줄어들고 있는 것을 혹시 알고 있습니까? 온통 대화와 논의가 주를 이룹니다. 사람들은 이렇게 말합니다. "젊은 사람들의 생각을 들어 보자. 그들을 회심시키려면 그들의 생각을 알아야 한다. 그러기 위해서는 우호적인 대화와 논의가 필요하다. 우리가 친절하고 예의 바른 사람이라는 것을 보여 주자. 우리가 고약한 사람들이 아니라는 것을 알게 하자. 그러면 그들의 신뢰를 얻을 수 있다. 우리가 그들과 다르다고 생각하게 만들어서는 안 된다."

만일 그런 사람이 텔레비전에 나간다면, 파이프 담배에 불을 붙이면서 대화를 시작할 것입니다. 그들은 자신이 다른 사람들과 똑같으며 그들 가운데 한 사람이라는 사실을 보여 주려고 할 것입니다.

그렇다면 존 녹스는 다른 사람들과 똑같았습니까? 그가 우호적인 논의를 나눌 수 있는 친절하고도 다정하며 자상한 사람이었습니까? 그가 그런 사람이 아니라서 참으로 감사합니다. 녹스가 그런 사람이었다면, 스코틀랜드는 지난 400년 동안 지금과 같은 모습을 이루지 못했을 것입니다. 녹스가 텔레비전 카메라 앞에서 친절하고 정중하고 우호적이고 신사적인 인상을 주기 위해 어떤 태도와 품격을 지녀야 하는지 알고자 조언과 훈련을 구했다고 감히 상상조차 할 수 있겠습니까?

감사하게도 선지자들은 그보다 훨씬 더 강인한 사람들이었습니다. 아모스와 예레미야, 낙타 털옷을 걸치고 광야에서 살았던 세례 요한은 모두 이상한 사람이요 미치광이라는 말을 들었습니다. 사람들은 그런 그들에게 호기심을 느끼고 그들의 말을 듣기 위해 나왔습니다. 그리고 말씀을 듣는 순간 양심의 가책을 느꼈습니다.

존 녹스 역시 그렇게 하나님의 불이 뼈와 가슴속에서 활활 타오르는 선지자였습니다. 그는 선지자들처럼 불과 능력으로 말씀을 전했습니다. 사람들을 겸손하게 만드는 말씀, 죄를 깨닫게 하는 말씀을 전했습니다. 그리하여 스코틀랜드가 변화되었습니다. 스코틀랜드의 오랜 역사 가운데 가장 위대한 시대가 열렸습니다.

하나님의 역사

이것이 바로 종교개혁자들의 가장 탁월하고도 위대한 특징입니다. 그러면 그들이 그런 사람이 될 수 있었던 비결은 무엇이었을까요? 그들이 아무리 위대하다고 하더라도 그 비결은 사람에게 있지 않습니다. 내가 지금까지 강조한 대로 그 비결은 하나님께 있습니다. 주권자이신 하나님이 그들을 세우셨습니다. 하나님은 자신이 하려는 일을 잘 알고 계십니다.

하나님이 존 녹스에게 허락하신 타고난 재능들을 생각해 보십시오. 그리고 그분이 칼빈에게 어떤 지성을 허락하셨는지를 생각해 보십시오. 하나님은 칼빈에게 위대한 사역을 맡기시고자 법률 수업을 받게 하셨습니다. 화산과 같은 위력을 발휘한 마틴 루터를 생각해 보십시오. 하나님은 그런 사람들을 각 나라와 민족 가운데서 철저히 준비하셨습니다. 물론 하나님은 그들을 세상에 보내시기 전부터 그들의 길을 준비하셨습니다. 존 위클리프John Wyclif와 존 후스John Hus를 결코 잊지 마십시오. 왈도파 신자들Waldensians을 비롯해 중세 시대의 순교자들을 결코 잊지 마십시오. 하나님께서는 길을 준비하시고, 정확한 때에 종교개혁자들을 보내셨습니다. 그리고 그 결과 놀라운 일들이 일어났습니다.

그렇다면 우리를 위한 교훈은 무엇일까요? 결론은 의, 오직 의만이 민족의 품격을 높일 수 있으며, 경건한 믿음이 없이는 의도 없다는 것입니다. 이 시대는 매우 암울합니다. 세상은 큰 곤경에 처해 있습니다. 우리의 눈앞에서 끔찍한 도덕적 타락이 일어나고 있습니다. 결혼 생활이 파탄에 이르고, 온전한 가정이 점점 자취를 감추고, 어린아이들은 부모의 사랑을 제대로 받지 못하고 있습니다. 참으로 불행한 일입니다.

무슨 방법이 없을까요? 희망은 없는 것일까요? 나는 400년 전에 일어난 종교개혁의 메시지에서 유일한 희망을 발견합니다. 하나님께서 존 녹스를 불러 다른 사람들과 함께 종교개혁의 불길을 댕기게 하셨을 때 스코틀랜드의 상황은 참으로 암울했습니다. 우리에게도 희망은 있습니다. 왜냐하면 하나님이 살아 계시기 때문입니다. 하나님께서 함께하시면 불가능은 없습니다. 사실 종교개혁 이전 시대보다 더 암울한 시대는 없었습니다. 그런데도 종교개혁이 일어났습니다. 어떻게 그럴 수 있었을까요? 바로 하나님이 역사하시고 변화를 일으키셨기 때문입니다.

엘리사는 문제를 만났을 때 "엘리야의 하나님 여호와는 어디 계시나이까"(왕하 2:14)라고 물었습니다. 우리도 그렇게 물어야 합니다. 나는 오늘 저녁에 "존 녹스의 하나님은 어디 계시나이까?"라고 묻고 싶습니다. 이렇게 묻지 않는다면 오늘의 우리 모임은 헛될 뿐입니다. 존 녹스를 생각하는 것만으로는 충분하지 않습니다. "존 녹스의 하나님, 곧 능력과 권위와 권능과 용기를 비롯해 필요한 모든 것을 우리에게 허락해 주실 하나님은 어디에 계십니까?"라고 물어야 합니다.

우리가 어떻게 하나님을 발견할 수 있습니까? 히브리서 4장 14-16절에 그 대답이 있습니다. 이는 오늘 저녁의 강연을 마무리하기에 적절한 말씀입니다.

"그러므로 우리에게 큰 대제사장이 계시니 승천하신 이 곧 하나님의 아들 예수시라. 우리가 믿는 도리를 굳게 잡을지어다"(히 4:14).

어디에서 하나님을 발견할 수 있을까요? 그 대답은 '믿는 도리를 굳게 잡는'(히 4:14 참고) 것입니다. 물론 이 말이 웨스트민스터 신앙고백을 직접 가리키지는 않지만, 그것이야말로 우리가 붙잡아야 할 믿는 도리입니다. 또한 '스코틀랜드 신앙고백'을 굳게 붙잡으십시오. 그렇지 않으면 존 녹스의 하나님을 발견할 수 없습니다.

'믿는 도리'란 무엇입니까? 그것은 바로 우리의 대제사장이신 '하나님의 아들 예수'에 관한 고백, 즉 '웨스트민스터 신앙고백,' '스코틀랜드 신앙고백,' '교부들의 신앙'을 뜻합니다. 우리는 이것들을 굳게 잡아야 합니다. 이것을 붙잡지 않고서 누가 감히 하나님 앞에 나아갈 수 있겠습니까? 히브리서 4장 16절은 이렇게 말합니다.

"그러므로……은혜의 보좌 앞에 담대히 나아갈 것이니라."

'그러므로'라는 인과관계 접속사는 무엇을 가리킬까요? 그것은 우리가 소유하고 있는 지식을 가리킵니다. '우리의 연약함을 동정하지 못하실 이가 아니요 모든 일에 우리와 똑같이 시험을 받으신 이로되 죄는 없으신'(히 4:15 참고) 주님께서 하늘의 대제사장으로서 우리와 함께하신다는 지식을 말합니다.

엘리야의 하나님은 어디에 계십니까? 어떻게 그분을 발견할 수 있습니까? 우리에게 필요한 능력은 어디에서 옵니까? 믿는 도리, 즉 믿음과 말씀으로 돌아가야 합니다. 그 진리를 믿고 그것을 발판 삼아 확신을 가지고 담대하고도 자신 있게 은혜의 보좌 앞에 나아가야 합니다. 그리고 곤란할 때 우리를 도와줄 은혜와 자비를 구해야 합니다.

오늘날은 매우 암울한 시대요, 도처에 악이 걷잡을 수 없이 퍼지고 있습니다. 온 세상이 송두리째 흔들리고 있습니다. 참으로 걱정스러운 시대요 큰 곤경에 처한 시대가 아닐 수 없습니다. 우리는 하나님을 발견해야 합니다. 하나님의 오른편에는 세상에 계시면서 세상의 모든 것을 아셨던 분, 곧 세상의 부끄러움과 죄와 사악함과 부패를 친히 목격하시고 세리와 죄인을 친구로 삼으셨을 뿐 아니라 바리새인과 서기관과 사두개인과 율법학자와 본디오 빌라도의 미움과 증오를 사셨던 주님이 앉아 계십니다.

온 세상이 그분을 대적했지만, 그분은 모든 것을 이기고 승리하셨습니다. 그리고 우리의 중보자요 대제사장으로 하나님의 오른편에 앉아 계십니다. 그분을 믿고 믿는 도리를 굳게 붙잡읍시다. 그분의 이름으로 은혜의 보좌 앞에 담대히 나아갑시다. 그러면 우리의 죄와 불충을 용서하시는 하나님의 자비와 이 어렵고도 힘든 시대에 우리를 도와줄 그분의 은혜를 발견하게 될 것입니다.

존 녹스의 하나님은 지금도 그곳에 계십니다. 예수 그리스도께서는 어제나 오늘이나 영원토록 변하지 않으십니다. 우리 모두가 존 녹스의 하나님을 발견하게 되기를 기원합니다.

2장

존 녹스,
청교도주의의 설립자

마틴 로이드 존스

John Knox: The Founder of Puritanism

대부분의 사람들은 존 녹스를 스코틀랜드와 관련해서만 생각합니다. 따라서 스코틀랜드 사람들만 그와 그의 업적을 기념하면 된다고 믿습니다. 이 점에 대해 대답하겠습니다. 제네바에는 위대한 종교개혁자들의 이름을 새긴 기념비가 있습니다. 거기에 녹스의 이름도 포함되어 있습니다. 그는 칼빈과 파렐Farel 등의 종교개혁자들과 당당히 어깨를 나란히 하고 있습니다. 그것만 보더라도 존 녹스가 스코틀랜드에서 놀라운 사역을 행했을 뿐 아니라 국제적으로도 큰 위업을 이룬 인물이라는 것을 알 수 있습니다.

이 시간에는 여러분과 함께 토마스 칼라일Thomas Carlyle의 말을 중심으로 이 위대한 인물을 생각해 보고자 합니다. 토마스 칼라일은 스코틀랜드 사람입니다. 명망 높은 역사가인 그는 아무 말이나 함부로 발설하지 않습니다. 그는 『영웅과 영웅 숭배자』Heroes and Hero Worshippers라는 책에서 존 녹스를 이렇게 소개합니다. "녹스는 스코틀랜드와 뉴잉글랜드와 올리버 크롬웰Oliver Cromwell의 믿음, 곧 청교도주의의 설립자이자 제사장이었다." 칼라일은 잉글랜드를 언급하지는 않았습니다. 마땅히 언급해야 옳지만 그는 뉴잉글랜드와 올리버 크롬웰만을 언급합니다. 그는 존 녹스가 영국을 넘어 역사의 전 과정에 영향을 미칠 놀라운 사건들을 선도한 신앙 운동의 아버지요 창시자라고 강조합니다.

칼라일의 말이 근거 있는 말일까요? 그의 주장을 입증할 수 있을까요? 나는 칼라일의 말이 조금도 과장이 아니라는 점을 입증하고자 합니다.

녹스의 생애

존 녹스를 청교도주의의 설립자로 인정하기 전에 그의 생애를 간략하게 소개하겠습니다. 그는 로마 가톨릭 신앙 안에서 성장해 사제가 되었습니다. 그는 한때 존 녹스 경으로 알려졌습니다. 그는 가난한 가정에서 자랐고, 그의 조상 가운데 귀족은 아무도 없었으며, 누구도 그를 천거하지 않았습니다. 그는 순전히 타고난 재능으로 큰 업적을 이루었고, 회심 후에는 더욱더 큰 위업을 달성했습니다. 그는 스코틀랜드에 처음으로 종교개혁의 불길을 댕긴 조지 위셔트를 비롯한 종교개혁자들의 사역을 통해 극적으로 회심했습니다. 그리하여 그는 로마 가톨릭 신앙을 버리고 철저히 변화되었습니다.

그는 세인트앤드루스 성에서 사역을 시작했습니다. 처음에는 설교를 하지 않았지만, 나중에는 어쩔 수 없이 설교자가 되었습니다. 그러다가 프랑스 군대가 세인트앤드루스 성을 공격하여 포로들을 사로잡아 갈 때 존 녹스도 그들과 함께 사로잡혀 거의 2년 동안이나 갤리선의 노예로 일했습니다. 그것은 그가 당한 고난 가운데 가장 혹독한 고난이었으며, 지독히 모질면서도 잔인한 시간이었습니다. 당시의 경험은 그의 삶에 깊은 흔적을 남겼습니다. 그의 건강을 크게 해친 것입니다. 그는 늘 건강이 나빠 고생해야 했습니다.

그는 이후에 잉글랜드와 스코틀랜드로 돌아왔습니다. 그런데 스코틀랜드에서의 상황이 매우 어려웠기 때문에 그는 결국 잉글랜드에 정착했습니다. 그리고 버릭어폰트위드Berwick-upon-Tweed에서 성직자로 임명되어 말씀을 전했으며, 1549년부터 1551년까지 그곳과 뉴캐슬어폰타인Newcastle-upon-Tyne

에서 활동했습니다.[1]

그 후 녹스는 런던으로 갔습니다. 당시에는 에드워드 6세가 통치하고 있었으며, 녹스는 궁정 목사 중 한 사람으로 일했습니다. 그는 잉글랜드의 중심지에서 일하면서 에드워드 6세와 그의 궁정에서 여러 번 말씀을 전했습니다. 그러나 에드워드 6세는 열여섯의 어린 나이로 죽고, '피의 메리Bloody Mary'라고 불리는 메리 여왕이 보위에 올랐습니다. 그리하여 녹스와 다른 사람들은 목숨을 부지하기 위해 서둘러 피신해야만 했습니다.

그는 유럽으로 건너가 제네바에 있는 존 칼빈 밑에서 성경을 연구했습니다. 그리고 그곳에서 잉글랜드의 피난민을 위한 협동 목사로 일했습니다. 당시 잉글랜드 피난민은 프랑크푸르트암마인Frankfurt-on-Main에서 교회를 형성하고 있었습니다. 그는 선뜻 마음이 내키지 않았지만 칼빈의 설득에 못 이겨 그곳에 가서 교회를 섬겼습니다. 그리고 많은 어려움과 논쟁을 겪은 뒤에 그는 프랑크푸르트를 떠나 다른 피난민들과 함

---

[1] 녹스가 태어난 연도가 1503년, 또는 1504년인지 아니면 1513년, 또는 1515년인지에 대해 사람들의 의견이 엇갈립니다. 그러나 그것은 그리 중요한 문제가 아닙니다. 중요한 것은 그가 회심할 당시인 1540년대에 이미 성년이었다는 사실입니다. 그는 버릭과 뉴캐슬에서 설교자로 활동했습니다.

께 제네바로 돌아왔습니다.

녹스는 제네바에서 1556년부터 1559년까지 영국인 교회의 목회자로 일했습니다. 그러던 중 1559년 4월에 메리 여왕이 죽고 엘리자베스 여왕이 보위에 오르자 그는 잉글랜드와 스코틀랜드로 돌아올 수 있었습니다. 그리고 1559년 4월에 스코틀랜드에서 위대한 사역을 시작했으며, 1572년 11월 24일에 세상을 떠나기까지 그곳에 머물렀습니다.

지금까지 존 녹스의 생애를 간략하게 살펴보았습니다. 존 녹스에 대한 훌륭한 전기가 많이 있습니다. 그중에서도 가장 최근에 재스퍼 리들리Jasper Ridley가 쓴 전기를 추천합니다. 그 책은 주의 깊게 연구하며 살펴볼 만한 가치가 있으며, 지금까지 세상에 나온 녹스의 전기 가운데 최고라고 평가할 만합니다. 약 30년 전에 유스태스 퍼시Eustace Percy가 쓴 전기보다 훨씬 탁월합니다.

녹스의 사람됨

이제 녹스의 사람됨을 살펴봅시다. 녹스보다 비방을 더 많이 받은 사람도 없습니다. 칼빈도 비방을 받았지만 녹스가 훨씬 더 심했습니다. 아마도 그의 인격에 비방을 부추길 만한 요인이 칼빈보다 더 많았는지도 모릅니다. 그러나 그에 대한 비방은 모두 로마 가톨릭교회의 무지와 악의에서 비롯되었습니다. 로마 가톨릭교회가 세상을 지배할 당시에는 존 녹스와 같은 사람은 독설과 비방의 표적이 될 수밖에 없었습니다. 주된 관심의 대상은 스코틀랜드 여왕 메리였습니다. 그녀는 자신이 스스로를 미화한 것보다 훨씬 더 이상적으로 미화되었습니다. 물론 나는 애써 존 녹스를 옹호할 생각이 없습니다. 그는 자신을 옹호하기 위해 굳이 나뿐 아니라 어느 누구의 도움도 필요로 하지 않습니다. 그는 참으로 경이로운 사람이기 때문입니다.

녹스는 키가 작았습니다. 키 작은 것이 무슨 상관이냐고 생각할지 모르지만, 그렇지 않습니다. 전에 누군가는 "세상에서 가장 위대한 일은 작은 사람과 작은 나라들을 통해 이루어졌다"라고 말했습니다. 또한 그는 잘생기지도 않았습니다. 오늘날의 판단 기준으로 볼 때 그의 외모는 뛰어나지 않았습니다. 다만 그는 강인하고 단호한 사람이었으며, 그의 눈에는 하나님께 대한 두려움을 불러 일으키는 위엄이 서려 있었습니다. 이 점을 제외하고는 별 특색이 없었습니다.

그런 그의 가장 두드러진 특징은 능력이었습니다. 물론 그가 칼빈처럼 능력이 있거나 뛰어난 학자라는 뜻은 아닙니다. 그러나 그는 학자가 아니면서도 탁월한 능력을 발휘했습니다. 그의 능력을 논할 때면 특히 그의 분별력이 매우 눈에 띕니다. 그는 '서로 다른 것들을 구별할 줄 아는 능력'을 지녔습니다. 앞으로 살펴보겠지만, 이것은 그의 가장 탁월한 특징 가운데 하나인 듯합니다.

그의 또 다른 특징은 넘치는 활력이었습니다. 이것은 하나님이 역사 속에서 도구로 사용하신 신앙 위인들의 특징입니다. 그가 이룬 업적은 모두 하나님의 은혜 덕분이었지만, 그의 타고난 기질도 한 몫을 톡톡히 했습니다. 최근에 책을 읽다가 18세기 웨일즈의 위대한 설교자 다니엘 로우란즈Daniel Rowlands에게도 그런 특징이 있었다는 사실을 발견했습니다. 그처럼 녹스도 믿기 어려운 활력으로 동시대 사람들을 종종 놀라게 하곤 했습니다. 이런 자질은 위대한 정치가와 군사 지도자의 특징일 뿐 아니라 위대한 설교자의 특징이기도 합니다. 데모스테네스Demosthenes는 웅변술을 "행동, 행동, 행동"이라고 정의했습니다.

이 밖에도 녹스는 신중한 성격을 가진 사람이었습니다. 녹스는 그가 처한 상황 때문에라도 매우 신중해야 했습니다. 국가와 교회, 정치와 종교의 연합 또는 관계를 떠올려 보십시오. 이는 당시의 불가피한 현실이었습니다. 존 녹스는 스코틀랜드의 정치인들과 협력해야 했습니다. 그리고 그는 정치인들의 생각과 이중성을 놀라울 정도로 잘 파악하고 있었습니다. 그런 신중함 덕분에 그는 종교개혁의 실패를 여러 번 막을 수 있었습니다.

재스퍼 리들리는 그를 '매우 뛰어난 정치인'이라고 일컬었습니다. 맞는 말입니다. 당시 상황으로는 그런 사람이 되어야만 했습니다. 그 당시 사람들은 종종 상황을 잘 파악하지 못하여 신념을 버리곤 했습니다. 그들은 적이 무엇을 하는지 알 수가 없었습니다. 그러나 녹스는 상황을 잘 파악했습니다. 그는 신중하게 행동한 덕분에 어려운 상황을 극복해 나갈 수 있었습니다. 그는 자신의 노력을 헛수고로 만들기 위해 애쓰는 스코틀랜드 여왕 메리의 음흉한 생각과 행동을 번번이 꿰뚫어 보았습니다.

다음으로, 그의 지혜를 생각해 봅시다. 내가 이 점을 강조하는 이유가 있습니다. 녹스는 흔히 다른 견해나 반대를 허용하지 않는 편협하고도 냉혹한 사람, 자만심과 야심에 치우쳐 행동한 사람으로 간주됩니다. 그러나 그를 객관적으로 평가하려면 반드시 그의 탁월한 지혜에 주목해야 합니다. 그는 어떤 상황에서든 어디까지가 한계인지를 정확히 파악하고 그 선을 넘지 않으려고 노력했습니다. 어떤 사람들은 더 부추기기도 하고, 어떤 사람들은 만류하기도 했지만, 그는 항상 지혜의 길을 따랐습니다.

예를 들어, 버릭에 있을 때 그는 공식적으로 사용해야 하는 '공동기도서'를 공공연히 공격하지 않았습니다. 그는 단지 그것을 사용하지 않았을 뿐입니다. 그 차이를 잘 알 것입니다. 내가 이 점을 강조하는 이유는 종종 젊은 신자들에게 그 차이의 중요성을 일깨워 주어야 했기 때문입니다. 자신이 하는 일을 항상 떠벌리며 널리 선전할 필요가 없습니다. 말보다는 행동이 더 중요합니다. 녹스는 '공동기도서'를 비난하거나 사람들의 관심을 끌기 위해 현수막을 내걸고서 "나는 공동기도서를 사용하지 않겠다"라고 외치지 않았습니다. 그는 단지 그것을 사용하지 않을 뿐이었습니다. 이는 그가 매우 온건하고 지혜로운 사람이었다는 것을 보여 줍니다.

사람들은 때로 녹스가 여러 번 박해와 위기를 피해 스코틀랜드에서 잉글랜드와 유럽으로 도망쳤다는 이유를 내세워 그를 겁쟁이로 몰아붙입니다. 그러나 나는 그가 지혜롭고도 신중하게 행동했다고 생각합니다. 그는 스코틀랜드에 계속 머물러 있다가는 조지 위셔트나 패트릭 해밀턴처럼 죽게 될 것이라고 생각했습니다. 그렇게 되면 더 이상 종교개혁을 추진할 수 없었기에 도망쳤습니다. 나는 그의 도피가 정당하다고 생각합니다. 때로는 가만히 머물러 있다가 순교하는 것보다 몸을 피하는 것이 더 큰 용기를 요구하기도 합니다.

또한 녹스는 온건한 사람이었습니다. 녹스가 온건한 사람이었다는 말이 터무니없는 말이라고 생각하는 사람들이 많습니다. 그들은 녹스가 '편협하고 광신적인 극단주의자'였다고 생각합니다. 그러나 그는 믿을 수 없을 만큼 온건했습니다. 그가 버릭 사람들에게 들려준 조언이 바로 그 증거입니다.

에드워드 6세의 통치가 거의 끝나고 메리 여왕이 보위에 오르기 직전에 그는 런던에 있었습니다. 그는 자신이 섬겼던 버릭의 신자들이 곧 큰 위기에 처하게 되리라는 것을 알고 있었습니다. '공동기도서'가 공식적으로 도입되었지만, 더럼Durham 주교 관구에서는 그것을 사용하지 않았습니다. 왜냐하면 더럼 주교인 턴스톨Tunstall은 개신교보다 가톨릭에 더 가까운 사람이었기 때문입니다. 그는 개신교의 '공동기도서'를 싫어하여 그것을 한 번도 사용하지 않았습니다. 그 덕분에 녹스도 '공동기도서'에 관심을 기울이지 않아도 되었습니다. 그러나 그는 곧 상황이 바뀌어 징계가 가해지리라는 것을 내다보았습니다. 그래서 그는 버릭과 뉴캐슬에 있는 신자들에게 편지를 보내 온건한 태도를 취하라고 당부하였습니다.

그들이 어떤 입장을 취해야 했을까요? 나중에 설명하겠지만, 가장 먼저 제기된 문제는 성찬을 받을 때 무릎을 꿇는 관습이었습니다. 녹스는 그들에게 더 큰 진리와 원리를 위해 일단은 그 관습에 순응하라고 조언했습니다. 그는 그들이 그렇게 하더라도 기꺼이 용납하겠다고 말했습니다. 온건함의 원리를 실천해야 할 시기였기 때문입니다.

몇 가지 예를 더 들어 보겠습니다. 녹스가 두 명의 성직자 중 한 사람으로 프랑크푸르트에 도착했을 때, 그곳 사람들은 이미 칼빈의 '예배 모범'을 사용하기로 결정했습니다. 그들은 그 결정에 동의했고, 칼빈을 매우 존경한 녹스도 즉시 동의할 것이라고 믿었습니다. 그러나 녹스는 동의하지 않았습니다. 그는 스트라스부르Strassburg와 바젤Basle을 비롯해 다른 지역에 있는 잉글랜드 피난민들의 의견을 구하지 않고서는 그것을 사용할 수 없다고 말했습니다. 온건함이란 바로 이런 것입니다. 그는 다른 신자들과의 화합을 추구했습니다. 나중에 그와 다른 사람들은 그들의 '예배 모범'을 만들었습니다. 물론 반대가 있었습니다. 그러나 그는 첨가되거나 수정된 내용을 다른 누구보다도 기꺼이 받아들일 준비가 되어 있었습니다.

지난해 청교도주의의 기원에 관한 강연에서도 지적했듯이, 리차드 콕스Richard Cox와 비교하면 그의 온건한 성품을 분명히 알 수 있습니다. 성공회 신자인 리차드 콕스는 프랑크푸르트에 와서는 교회가 '잉글랜드의 특징'을 지녀야 한다고 주장했습니다. 그는 잉글랜드처럼 교회에서 '공동기도서'를 사용해야 한다고 강조했습니다. 녹스는 반대를 수용해 일치점을 찾기 위해 할 수 있는 한 모든 노력을 기울였습니다. 그러나 리차드 콕스와 그를 지지하는 사람들이 한 치도 양보하지 않아 일치점을 찾을 수가 없었습니다. 종종 편협하고 너그럽지 못하다는 평을 듣는 녹스의 태도는 그를 프랑크푸르트에서 내쫓아 제네바로 떠나게 만든 성공회 신자들의 태도와 극명하게 대조됩니다. 그들에 비하면 녹스는 참으로 온건한 사람이 아닐 수 없습니다.

이번에는 그의 독창성을 생각해 봅시다. 나는 그의 독창성을 강조하고 싶습니다. 사람들은 존 녹스를 칼빈의 '축음기

음반'으로 생각하는 경향이 있습니다. 이는 큰 착각입니다. 그런 비판을 받아 마땅한 사람도 있겠지만, 존 녹스는 그런 사람이 아니었습니다. 그는 스스로 생각할 줄 아는 독창적인 사상가였습니다.

그는 자신이 성경을 바르게 이해했다고 확신하는 경우에는 틴데일Tyndale이나 칼빈과 같은 사람의 견해일지라도 선뜻 동의하지 않았으며, 주저하지 않고 적절히 비판했습니다. 예를 들어, 그는 통치자와 군주에 대한 기독교인의 의무에 관해 칼빈이나 틴데일과는 다른 의견을 가지고 있었습니다. 그는 칼빈의 가르침이라고 해서 무조건 받아들이지 않았습니다. 어떤 상황에서는 통치자에게 복종하지 않아도 될 뿐 아니라 심지어 혁명도 가능하다고 말했습니다. 이것이 그가 독창적인 사상가였다는 증거입니다. 그는 물론 다른 문제에 대해서도 동의할 근거가 없으면 칼빈의 가르침일지라도 거부했습니다.

그는 스스로 생각할 줄 아는 사람이었습니다. 내가 이것을 강조하는 이유는 이것이 매우 중요한 문제이기 때문입니다. 아무리 위대한 사람이 쓴 책이라 하더라도 그 내용을 무조건 받아들여서는 안 됩니다. 우리는 모든 것을 시험해야 합니다. 녹스는 기꺼이 동의할 수 없을 때는 그렇게 행했습니다. 잉글랜드 교회의 예배 의식에 대해서도 마찬가지였습니다. 그는 이 문제와 관련해 다른 사람들보다 앞서 갔습니다. 특히 그가 쓴 『여성들의 극악한 통치를 반대하는 첫 번째 나팔 소리』는 매우 독창적인 저서입니다.

이런 사실들은 또한 그가 용기 있는 사람이었다는 것을 잘 보여 줍니다. 그가 죽자 사람들은 그를 가리켜 '사람의 얼굴을 두려워하지 않는' 사람이라고 말했습니다. 사실입니다. 한 가지 덧붙이자면, 그는 여성의 얼굴도 결코 두려워하지 않았습니다. 그는 두 명의 여성과 싸워야 했습니다. 한 여성은 스코틀랜드 여왕 메리입니다. 그녀는 자신의 연약함을 이용해 강한 힘을 발휘하였습니다. 흔히, 연약한 여성들은 아름다운 외모와 여성성을 이용해 힘을 발휘합니다. 또 한 명의 여성은 엘리자베스 1세입니다. 그녀는 매우 강한 사람이었습니다. 비록 외모는 아름답지 않았지만 성품이 참으로 강직했습니다. 존 녹스는 그 두 여성을 모두 상대해야 했습니다. 그러나 그는 어느 쪽도 두려워하지 않았습니다. 그들의 막강한 권세도 그에게는 문제가 되지 않았습니다. 그는 믿기 어려울 정도로 큰 용기를 가지고 있었습니다.

또한 그는 크랜머Cranmer, 리들리Ridley, 피터 마터Peter Martyr에게 맞섰습니다. 그는 홀로 투쟁하는 것을 겁내지 않았습니다. 그는 마틴 루터가 보름스 회의Diet of Worms와 다른 여러 곳에서 보여 주었던 영웅적인 기질을 꼭 빼닮았습니다.

설교자 녹스

그러나 무엇보다 그는 설교자였습니다. 그가 지닌 큰 열정은 설교자로서 위대한 자질이 되었습니다. 위대한 설교자들은 대부분 매우 열정적입니다. 우리도 열정적이어야 합니다. 열정은 타고난 기질에서만 비롯되지 않습니다. 열정은 복음의 능력을 의식함으로써 나타나는 결과입니다. 열정에는 능력이 뒤따릅니다. 그래서 존 녹스는 가장 강력한 설교자 중 한 사람으로서 큰 영향력을 지닌 설교자가 될 수 있었습니다.

나중에 살펴보겠지만, 녹스의 설교가 에드워드 6세에게 미친 영향은 참으로 컸습니다. 에드워드 6세뿐 아니라 다른 사람들에게도 마찬가지였습니다. 그의 설교가 스코틀랜드 여왕 메리에게 미친 영향은 널리 알려져 있습니다. 그의 설교는 그녀의 눈에서 확신의 눈물이 아닌 분노의 눈물이 흐르도록 만들었습니다. 그녀는 녹스를 두려워했습니다. 그녀는 잉글랜드 군대보다 녹스의 기도와 설교가 더 무섭다고 말했습니다.

왕의 신하이자 대사였던 랜돌프Randolph는 녹스와 그의 설교에 대해 이렇게 말했습니다. "한 시간에 걸친 한 사람의 목소리가 500개의 나팔이 끊임없이 우리의 귓전을 때리는 것보다 더 많은 생명을 우리에게 가져다줄 수 있다." 그렇습니다. 한 사람의 목소리, 녹스의 설교 한 편으로 상황이 완전히 바뀐 적이 많았습니다. 귀족들과 사람들이 놀라고 두려워하며 투항하려 할 때 녹스가 강단에 올라가 설교하면 상황이 순식간에 바뀌었습니다. 참으로 그의 설교는 귓전을 때리는 500개의 나팔보다 더 큰 영향력을 지니고 있었습니다.

이것이 설교의 능력입니다. 설교는 종종 그런 역사를 일으킵니다. 녹스의 설교는 늘 그랬습니다. 이 점과 관련해 녹스에게 보내는 가장 큰 헌사가 있다면, 바로 한 잉글랜드 성직자가 무심코 한 말일 것입니다. 메리가 잉글랜드의 왕위에 오른 뒤에 성찬을 비롯한 문제들을 논의하는 자리에서 휴 웨스턴Hugh Weston이라는 사람이 사회를 보게 되었습니다. 그 토론회는 옥스퍼드에서 개최되었는데, 한쪽에는 크랜머와 리들리가 참여했고, 다른 한쪽에는 로마 가톨릭교회 관계자들이 참여했습니다. 그런데 웨스턴이 토론 중에 이렇게 말했습니다.

"스코틀랜드에서 도망한 사람들(스코틀랜드 피난민)이 성례전에서 그리스도께 대한 경배와 찬양을 없애 버렸습니다. 그 영향으로 인해 지난번 1552년 '공동기도서'에 이단 사상이 침투했습니다. 한 사람의 영향력이 그토록 큰 위력을 떨친 것입니다."

웨스턴은 스코틀랜드가 아니라 잉글랜드에서 일어난 일을 언급하고 있습니다. 녹스의 반대자가 녹스의 설교가 지닌 막강한 위력을 증언한 셈입니다. 이 로마 가톨릭 학자에 따르면, 존 녹스는 성찬식에서 '성례의 집전자를 숭배하는' 우상 숭배를 폐하는 데 누구보다 크게 기여했습니다. 이런 사실은 그의 설교가 얼마나 큰 능력을 발휘했는지를 잘 보여 줍니다.

청교도주의의 설립자 존 녹스

이번에는 '청교도주의의 설립자'로서의 존 녹스를 생각해 봅시다. 칼라일의 말이 옳을까요? 존 녹스를 '청교도주의의 설립자이자 대제사장'이라고 말하는 것이 타당할까요?

나는 지난해에 청교도주의의 기원을 다루면서 이 점에 대해 언급하였습니다. 슬쩍 지나가는 말로, 여러 가지 면에서 청교도주의의 기원은 윌리엄 틴데일William Tyndale에게서 찾을 수 있다고 했습니다. 지금도 그 생각에는 변함이 없습니다. 그러나 체계적인 사상과 조직의 관점에서 보면 칼라일의 주장도 충분히 일리가 있다고 생각합니다. 윌리엄 틴데일도 그의 정신과 행동으로 청교도 원리를 강조했지만, 존 녹스의 경우에 그 원리가 더욱 분명히 나타납니다.

나는 지난 세기에 로리머Lorimer라는 한 저술가가 한 말에 동의합니다. 그는 '청교도주의의 설립자'라고 불릴 만한 또 다른 후보자로 글로스터의 주교 존 후퍼John Hooper를 꼽았습니다. 그러나 한편 존 후피기 있기 전에 존 녹스가 있었다고 말했습니다. 나는 그의 말에 전적으로 동의합니다. 이 두 사람은 많은 점에서 의견이 같았지만, 몇 가지 점에서는 서로 분명한 의견 차이가 있었습니다. 곧 이 점을 알게 될 것입니다.

그렇다면 어떤 점에서 녹스를 '청교도주의의 설립자'라고 말할 수 있을까요? 첫 번째 이유를 그의 독립적이고도 독창적인 사상에서 찾을 수 있습니다. 청교도를 독립적인 사람이자 독자적인 사고를 지닌 사람들이라고 정의할 수 있습니다. 청교도는 결코 '제도적인 인간'이 아닙니다. 그들은 비단 '종교 제도'만이 아니라 어떤 형태의 제도와 관련해서도 그렇게 말할 수 있는 사람들입니다. 나는 이것이 가장 중요한 요점이라고 생각합니다.

처음부터 '제도적인 인간'으로 태어난 것 같은 사람들이 있습니다. 그들은 어떤 일에 종사하든지 항상 권력자의 편에 서기를 좋아합니다. 그들은 기존의 것을 지지하고 현상을 유지하기를 원합니다. 그들의 가장 큰 관심사는 과거를 보존하는 것입니다. 성공회를 비롯해 다른 모든 형태의 기독교에서는 물론 자유교회 내에서도 그런 사람들을 발견할 수 있습니다. 그들은 제도적인 인간입니다. 그들은 항상 그런 입장에서 출발합니다. 그러나 청교도는 그 본성이나 정신의 측면에서 제도적인 인간과는 거리가 멉니다. 그들은 독립심과 독창성을 지니고 있습니다. 그들은 스스로 성경을 읽고, 다른 사람들의 말이나 생각과 상관없이 진리를 알고 싶어하는 열정을 지니고 있습니다.

존 녹스를 '청교도주의의 설립자'라고 부를 수 있는 두 번째 이유는, 그가 청교도의 주요 원리를 매우 분명하게 설정했기 때문입니다. 그중에서 가장 중요한 원리는 성경을 최고의 권위를 지닌 하나님의 말씀으로 믿는 믿음입니다. 이 점에 대해서는 굳이 자세히 설명하지 않아도 잘 알 것입니다.

로마 가톨릭교회는 자신들의 전통과 성경 해석을 앞세웁니다. 또 개혁이 충분히 이루어지지 않은 교회들도 항상 그런 태도를 취합니다. 그러나 청교도는 하나님의 말씀을 가장 높은 권위로 내세우는 특징을 지니고 있습니다. 바로 이것이 존 녹스의 원칙이었습니다. 그는 성경을 통해 입증할 수 없는 것을 주장하지 않았고, 그런 것을 도입하는 행위에 철저히 반대했습니다.

녹스의 두 번째 원리는 '뿌리부터 가지까지의 개혁'이었습니다. 이것은 내가 한 말이 아니라 녹스가 직접 한 말입니다. 다른 사람들도 그의 말을 받아들였습니다. 다시 말해, 청교도는 교리의 개혁만으로 만족하지 않았습니다. 이것이 녹스와 청교도가 잉글랜드 지도자들에게 동의하지 않은 이유입니다.

물론 그들도 교리 개혁에 찬성했습니다. 그들은 모두 칼빈주의자들이었습니다. 그러나 청교도의 특징은 교리를 개혁하는 것으로 그치지 않고 개혁의 영향력이 실천의 영역으로까지 확대되어야 한다고 믿는 데 있었습니다. 그들은 교회의 본질을 온전하게 파악했습니다. 청교도는 약간의 수정이나 개선이 아니라 교회의 '전면 개혁'을 추진했습니다. 그들은 기존의 것을 고치는 데 그친 것이 아니라 신약성경과 그 가르침에 따라 온전히 새로운 개혁을 추구했습니다. 이것이 녹스의 두 번째 원리였습니다.

그는 신약성경이 가르치는 교회의 개념으로 돌아가기를 원했습니다. 그리고 그런 신념에 따라 교회가 의식, 즉 예배 행위와 성례 집행의 측면에서 새롭게 개혁되어야 한다고 말했습니다. "하나님을 예배할 때, 특히 성례를 집행할 때는 성경이 규정하는 규칙을 가감 없이 준수해야 한다……교회는 자기 나름대로 종교 의식을 만들어 거기에 의미를 부여할 권리가 없다."

바로 그런 주장을 내세웠기 때문에 그가 비방을 받았습니다. 그는 "인간은 하나님이 인정하실 만한 종교를 만들거나 창안할 수 없다. 인간은 하나님으로부터 받은 종교를 제멋대로 없애거나 고쳐서는 안 되며 그대로 복종하고 지킬 의무를 진다"라고 말했습니다. 또한 그는 "신약성경의 성례전은 예수 그리스도께서 제정하시고 사도들이 지켜 행한 그대로 집행되어야 한다. 거기에 무엇을 더하거나 빼서는 안 된다"라고 가르쳤고, "미사는 그리스도의 죽음과 성만찬을 모독하는 가증스런 우상 숭배이다"라고 주장했습니다. 그런 원리를 가르쳤다는 이유로 그가 비방을 받은 것이며, 그런 혐의를 뒤집어

써야 했던 것입니다. 그러나 이것이 그의 입장이었습니다.

녹스는 그런 원리를 지켰습니다. 그러나 이 문제와 관련해 가장 중요한 사실은 그가 원리를 실천에 옮겼다는 것입니다. 이론적이거나 학술적인 청교도는 존재하지 않습니다. 청교도주의를 하나의 사상으로 여겨 관심을 기울이는 사람들도 있지만, 그 가르침을 삶에 적용하지 않는다면 청교도주의를 배반하는 것이나 다름없습니다. 왜냐하면 실천이 진정한 청교도의 특징이기 때문입니다. '청교도적 양심'을 칭찬하는 것은 좋은 일이지만, 그 양심을 지키지 않는다면 청교도주의를 부인하는 것이나 마찬가지입니다.

후퍼는 녹스와 많은 점에서 일치했지만, 자신의 신념에 대해 물러나는 경향을 보였습니다. 후퍼는 주교로 임직되었을 때 관습에 불과한 예복을 입지 않겠노라고 말했다가 감옥에 투옥되었습니다. 그러나 그는 나중에 신념을 버리고 예복을 입었습니다. 내가 말하고자 하는 요점은, 진정한 청교도는 어떤 관점과 견해를 주장하는 데 그치지 않고 그것을 삶에 적용하고 행동으로 옮긴다는 것입니다. 그런 점에서 녹스는 존 후퍼보다 더욱 탁월하고 우월합니다. 그는 교회의 본질과 의식과 규례와 권징에 관한 신약성경의 가르침을 굳게 믿었고, 그런 신념을 양심껏 실천에 옮겼다는 점에서 누구보다 탁월합니다.

그러면 녹스가 그런 원리를 어떻게 실천했는지 살펴봅시다. 첫째, 버릭어폰트위드와 뉴캐슬어폰타인에서의 일을 살펴봅시다. 앞서 지적한 대로 그는 1548년에 에드워드 6세가 공포한 '공동기도서' 사용에 관한 칙령을 따르지도 않았고, '1549년 공동기도서'의 지침을 받아들이지도 않았습니다. 그는 그 문제와 관련해 턴스톨에게서 도움을 받았습니다. 다른 설교자들은 대부분 공동기도서를 사용했지만, 녹스는 그렇게 하지 않았습니다. 그는 잉글랜드의 종교 제도 아래에서 설교자로 활동하면서도 그 규례나 공동기도서에 따라 성례전을 집행하지 않았습니다.

둘째, 성찬을 받을 때 무릎을 꿇는 관습과 관련된 일을 살펴봅시다. 이것은 매우 중요한 요점 가운데 하나입니다. 당시 그것은 성공회의 관습이었습니다. 녹스는 누구보다도 먼저 앉은 자세로 성찬을 받으라고 가르쳤습니다. 그러고는 스스로 실천하였습니다. 그는 실천을 중요하게 여기는 청교도주의의 전형이었습니다. 그러던 중 그는 혼자서 성경을 연구하다가 무릎을 꿇고 성찬을 받는 것이 잘못이라는 결론에 이르렀습니다.

그는 프랑스 갤리선의 노예로 일하기 전에 이미 세인트앤드루스에서 그런 생각을 실천에 옮겼습니다. 이에 대한 증거가 명백합니다. 그리고 나중에 버릭에서도 그는 그런 관습을 도입했습니다. 그것은 큰 혁신이었습니다. 수백 년 동안 로마 가톨릭교회의 지배 아래 무릎을 꿇고 성찬을 받는 관습이 이어져 왔습니다. 뿐만 아니라 그것은 성공회의 관습이자 실천 행위이기도 했습니다.

녹스가 주도한 또 하나의 혁신은 제병을 빵으로 대체한 것입니다. 그는 수백 년 동안 로마 가톨릭교회의 관습으로 자리 잡아 왔던 제병을 더 이상 사용하지 않았습니다. 당시 성공회에서도 제병을 여전히 사용하고 있었으나 성공회는 곧 제병 사용을 중단했습니다. 그러나 그 일을 가장 먼저 실행한 사람은 녹스였습니다. 그는 버릭어폰트위드에서 사역할 때 이미 그런 개혁을 시도했습니다.

세례와 관련해서도 녹스는 출교를 당한 사람들의 자녀에게 세례를 베푸는 것을 반대하였습니다. 그러나 다른 성직자들은 그렇게 행했습니다. 그는 사적인 세례를 반대하고, 십자가의 표식을 세례와 연관시키는 것을 거부했습니다. 청교도주의의 역사에 정통한 사람들은 그런 신념들이 대대로 청교도의 신앙과 실천에서 얼마나 중요한 비중을 차지했는지를 쉽게 알 수 있을 것입니다. 녹스는 버릭과 뉴캐슬에서 사역하는 동안 그런 청교도의 신념과 실천 행위를 도입했습니다.

녹스는 노섬벌랜드Northumberland 공작의 부름을 받고 런던으로 내려와 궁정 목사로 일했으며, 곧 유명한 설교자가 되었습니다. 이러한 그의 이야기 가운데 지금은 '청교도주의의 설립자'라는 측면에만 초점을 맞추어 살펴보겠습니다.

1552년에 큰 위기가 발생했습니다. 1549년에 개혁 공동기도서가 도입되었으나 대부분의 사람들이 거기에 로마 가톨릭 교회의 흔적과 잔재가 너무 많이 남아 있다는 이유로 그 기도서가 부적절하다고 지적했습니다. 그래서 그들은 새로운 공동기도서와 새로운 신앙 규칙을 만들기로 결정했습니다. 그러고는 1552년 9월에 새로운 공동기도서를 내놓았습니다. 여기에는 토마스 크랜머가 주로 기여하였습니다. 또한 그들은 나중에 '39개 신앙조항'의 밑바탕이 된 45개 신앙조항을 작성했습니다.

여기에 중요한 요점이 있습니다. 그들은 새로운 공동기도서를 인쇄업자에게 보냈고, 1552년 11월 1일을 기점으로 그

기도서를 사용할 계획이었습니다. 그리고 예의상 몇 권의 사본을 존 녹스를 비롯해 다른 궁정 목사들과 설교자들에게 보냈습니다. 물론 그들이 모두 동의할 것이라고 생각하고서 말입니다. 그러나 존 녹스는 그 기도서에 자신이 동의할 수 없는 내용이 포함되어 있는 것을 발견했습니다. 또 그는 45개 신앙조항에도 더러 탐탁지 않은 내용이 있다는 것을 알았습니다.

예를 들어, 38조에 보면, "두 번째 공동기도서는 성경으로 입증할 수 있는 거룩하고도 경건한 기도서이다. 그리고 성직 수임 식순은 물론 성례의 집행과 공동기도와 관련된 모든 의식과 예식도 성경에 전혀 모순되지 않는다"라고 진술되어 있습니다. 녹스는 그런 입장을 수용할 수는 없다고 생각했습니다. 무슨 이유 때문이었을까요? 왜냐하면 새로운 공동기도서에 무릎을 꿇고 성찬을 받으라는 규정이 들어 있었기 때문입니다.

1549년의 공동기도서에는 그런 규정이 없었습니다. 왜냐하면 그것이 이미 관습으로 실행되고 있었기 때문입니다. 그것은 로마 가톨릭교회의 관습이었고, 영국 성공회에서도 계속 유지되고 있었습니다. 그래서 1549년의 공동기도서에는 그 관습이 명시되어 있지 않았던 것입니다. 그런데 녹스는 물론 후퍼와 다른 사람들도 이 관습에 의문을 제기하였습니다. 특히 녹스가 버릭과 뉴캐슬에서 행한 일은 잘 알려져 있었습니다. 그래서 크랜머와 리들리와 피터 마터 등이 새로운 공동기도서에 '무릎을 꿇고 성찬을 받아야 한다'는 조항을 삽입해야 한다고 생각했던 것입니다.

녹스는 어려움에 직면했습니다. 어떻게 그가 새로운 공동기도서 안에 있는 모든 것에 대해 "성경으로 입증할 수 있는 거룩하고도 경건한 기도서이다"라고 진술하는 신조에 동의할 수 있었겠습니까? 그것은 사실이 아니라 거짓말이었습니다.

그러면 그가 어떻게 행동했을까요? 다행히도 그는 자신의 입장을 밝힐 수 있는 기회를 얻었습니다. 윈저에 있는 에드워드 6세의 궁정에서 존 녹스가 설교할 차례가 되었습니다. 그는 언제나 그랬듯이 용기 있게 바로 그 문제를 다루었습니다. 그의 설교는 그 문제에 관한 왕의 신념을 흔들어 놓을 정도로 힘차고 강력했습니다. 왕과 함께 있던 많은 사람들도 깊은 인상을 받았습니다. 녹스는 성찬을 받을 때 무릎을 꿇는 행위는 죄이자 우상 숭배라고 강조했습니다. 그는 크랜머와 리들리와 피터 마터의 입장에 단호하게 맞섰습니다. 당시 새로운 공동기도서의 원고는 인쇄업자의 손에 있었고, 11월 1일이면 정식으로 공포될 예정이었습니다. 그러나 녹스의 설교는 경각심을 크게 일깨웠고, 여러 가지 행동을 자극했습니다.

녹스는 두세 사람과 함께 성찬을 받을 때 무릎을 꿇는 행위에 반대하는 이유를 적은 제안서를 만들었습니다. 그들은 그 제안서에서 무릎을 꿇는 행위가 죄요 우상 숭배에 해당하기 때문에 왕과 당국자들이 그런 행위를 절대 강요해서는 안 된다는 입장을 밝혔습니다. 그러고는 그 제안서를 왕과 추밀원에 제출했습니다. 그러자 당국자들은 많은 협의와 토론을 거쳐 마침내 하나의 타협안을 만들었습니다.

녹스는 그 조항을 새로운 공동기도서에 넣어서는 안 된다는 자신의 바람을 온전히 이루지는 못했지만, 그런대로 상당한 소득을 얻어 냈습니다. 그는 왕을 설득하여 선언서에 서명한 뒤에 그것을 공동기도서에 덧붙이도록 했습니다. 성찬을 받을 때 무릎을 꿇는 행위로 인해 야기될 수 있는 위험, 특히 우상 숭배의 가능성을 차단하기 위한 조처에 관한 조항을 삽입하기로 한 것이었습니다. 물론 이 조항도 크랜머가 작성한 것이 틀림없습니다. 왜냐하면 타협에 뛰어났던 그의 특성이 여실히 드러나 있기 때문입니다.

새로운 공동기도서가 이미 만들어져 인쇄업자의 손에 있는 상황에 당국자들이 무엇을 할 수 있었을까요? 그들은 이 새로운 조항, 즉 무릎을 꿇는 행위에 관한 새로운 선언문을 따로 종이에 인쇄했습니다. 그리고 왕은 그 인쇄된 종이를 새로운 공동기도서에 부착하라는 칙령을 내렸습니다. 지금도 그 선언문이 부착된 공동기도서의 원본이 몇 권 남아 있습니다. 그것은 존 녹스가 왕을 통해 크랜머를 시켜 만든 조항입니다. 그 조항의 내용은 이렇습니다.

"어떤 규칙도 완벽하게 만들 수는 없다. 무지나 결함, 악의나 고집과 같은 이유 때문에 오해하고 잘못 해석될 소지가 있다. 형편이 허락하는 한 잘못을 반드시 제거하는 것이 형제애의 발로이기 때문에 우리도 기꺼이 그런 노력을 기울이고자 한다. 공동기도서에는 성찬을 집행할 때 성찬 참여자들이 무릎을 꿇고 성찬을 받아야 한다고 명시되어 있다. 그것은 성찬에 합당한 사람에게 주어지는 그리스도의 은혜를 겸손하고 감사하게 받아들인다는 의미인 동시에 다른 식으로 성찬이 이루어질 때 발생할 수 있는 신성모독과 무질서를 예방하려는 목적을 가진 행위이다. 무릎을 꿇는 행위가 이 목적 외에 다른 뜻으로 이해되거나 받아들여지는 경우에 대비하여 우리는 이 규칙이 가시적인 형태를 지닌 성찬의 떡이나 포도주를 숭배한다거나 그 안에 그리스도의 육체와 피가 실제로 내재되어 있다는 것과는 아무 관계가 없다고 선언하는 바이다. 성찬의 떡과 포도주는 여전히 그 본질적 상태를 유지하고 있기 때문에 절대 숭배해서는 안 된다. 그것은 신실한 신자라면 누구나 가증스럽게 여기는 우상 숭배에 해당한다. 우리의 구주이신 그리스도의 육체와 피는 이 세상이 아니라 하늘에 있다. 따라서 그분의 육체가 한 번에 한 장소가 아니라 여러 장소에 존재한다는 것은 그분의 참된 육체적 본성에 관한 진리에 위배된다."

이 조항은 '흑서 예배 규정the Black Rubric'[2]으로 알려지게 되었습니다. 내가 말하고자 하는 요점은 그 조항이 도입되는 데 녹스의 공로가 단연 으뜸을 차지한다는 것입니다. 그 조항은 우상 숭배라는 심각한 위험을 막기 위해 공동기도서에 덧붙여졌습니다. 그것은 순수한 청교도적 실천이었습니다. 그러나 엘리자베스 여왕은 보위에 오른 뒤에 공동기도서에서 '흑서 예배 규정'을 배제했습니다. 그리고 1662년에 약간 수정된 형태로 다시 복원되었습니다.

이 한 가지 사실만 보더라도 녹스가 청교도 지도자였다는

---

[2] 역자주 – 검은 활자로 선명하게 인쇄된 데서 유래한 명칭입니다.

점이 명백히 드러납니다. 그는 다른 여러 가지 문제에 대해서도 투쟁을 서슴지 않았지만 그 뜻을 이루지는 못했습니다. 예를 들어, 그는 26항의 성례에 대한 교리를 수정하려고 노력했습니다. 그는 "성례는 은혜의 표징이지만 하나님은 성례와 상관없이 은혜를 베푸신다"라고 가르쳤습니다. 그와는 달리 크랜머는 "은혜는 두 가지 성례를 통해 수여된다. 성례는 단지 은혜의 표징이나 수단이 아니다"라고 말했습니다. 그래서 녹스는 크랜머와 리들리와 피터 마터를 비롯해 다른 전형적인 성공회 지지자들에게 맞서 성례에 대한 청교도의 입장을 주장했습니다.

런던에 있는 동안 녹스의 청교도주의를 엿볼 수 있는 또 다른 사례가 있습니다. 공동기도서를 둘러싼 논쟁 덕분에 녹스는 뛰어난 지도자이자 인물로 부각되어 로체스터 주교직을 제의받았습니다. 그러나 그는 거절했습니다. 후퍼는 글로스터 주교직을 받아들였지만, 녹스는 그렇게 하지 않았습니다. 그가 청교도의 원리에 철저했다는 사실 외에 달리 그 이유를 설명할 길은 없는 듯합니다. 그는 사실상 주교 제도를 믿지 않았습니다.

이번에는 녹스가 프랑크푸르트에 있을 때의 상황을 살펴봅시다. 당시 매우 흥미로운 일이 있었습니다. 앞서 말한 대로, 녹스는 칼빈 밑에서 수학하다가 제네바를 떠나 잉글랜드 피난민들로 구성된 교회를 담당할 두 명의 목회자 중 한 사람으로 프랑크푸르트로 와 달라는 요청을 받았습니다. 이것은 매우 이례적인 일이었습니다. 목숨을 구하기 위해 외국으로 도망쳐야 했던 유명한 잉글랜드인들이 설립한 교회가 스코틀랜드 사람인 녹스를 목회자로 초청했기 때문입니다.

왜 그랬을까요? 17세기에 청교도도 아니고 전형적인 잉글랜드인이었던 토마스 풀러Thomas Fuller는 이렇게 말했습니다. "당시 해외에 유능한 잉글랜드 목회자들이 많이 있었다. 그런데 스코틀랜드 사람이 바다 건너에서 가장 괄목할 만한 입지를 구축한 프랑크푸르트 잉글랜드인 교회의 목회자가 되어야 했다는 사실은 모순처럼 생각될지도 모르겠다. 그러나 외국인인 녹스를 받아들인 이유는 그의 평판이 그만큼 좋았기 때문이다." 그의 말은 참으로 옳습니다.

녹스는 프랑크푸르트에 있으면서 전형적인 청교도의 특성을 보여 주는 일을 시도했습니다. 유명한 '제네바 성경'의 주 번역자였던 위팅햄Whittingham과 녹스는 '예배 규칙'을 만들어 자신들이 싫어하는 공동기도서를 대체했습니다. 비록 녹스의 온건한 성향 때문에 주로 기도서를 수정하는 데 그쳤지만, 그의 '예배 규칙'은 리차드 콕스와 그의 일행이 도착하기 전까지 교회에서 사용되었습니다.

여기서 나는 존 녹스가 공동기도서를 거부했다는 점을 강조하고 싶습니다. 리차드 콕스가 신사답지 못하게 노골적인 반대 의사를 표명하기 전까지 녹스는 자신의 속마음을 뚜렷하게 드러내지 않았습니다. 리차드 콕스는 도리에 어긋나고 고집스러우며 무례하게 행동했습니다. 청교도들은 성공회 지지자들로부터 그런 식의 수모를 많이 당해야 했습니다. 콕스가 그런 태도를 보이자 녹스도 더 이상 침묵하지 않았습니다.

녹스는 사람들이 자신의 생각을 따를 것이라는 희망이 있는 한, 그런 일로 목소리를 높일 생각이 없었습니다. 그러나 콕스가 그렇게 무례하게 행동하자 녹스는 다음 날 설교를 통해 공동기도서에 관한 자신의 생각을 분명하게 밝혔습니다. 그는 나중에 이 문제와 관련해 이렇게 말했습니다. "정해진 설교 시간이 되자 나는 내 의견을 분명히 밝히기 시작했다……내가 처음에 가졌던 생각이 어떻게 바뀌었는지를 설명했다."

이것이 바로 그가 큰 인물이었다는 증거입니다. 그는 자신의 생각을 바꾸었습니다. 편협한 사람은 자신의 생각을 절대 바꾸지 않습니다. 그는, 잉글랜드에서 메리 여왕을 통해 일어난 박해는 특히 공동기도서와 관련해 철저한 개혁을 단행하지 못한 데 대한 하나님의 징계라고 말했습니다. 그는 그 자리에서 공동기도서에 관한 자신의 입장을 분명하고 솔직하게 밝혔습니다. 그리고 그로 인해 그는 프랑크푸르트에서 쫓겨나 제네바로 돌아갔습니다.

이처럼 프랑크푸르트에서 잉글랜드인들 가운데 청교도 교회를 세우려는 계획이 처음 시도되었습니다. 그러나 콕스와 그의 지지자들이 비열하게도 녹스에게 정치적 주권자인 왕에 대한 반역죄를 뒤집어씌워 그 시도가 실패로 끝나고 말았습니다. 그들은 녹스의 특정한 말과 인쇄된 상태로 존재했던 녹스의 애머스햄 설교를 근거로 고소장을 작성했습니다.

이렇게 청교도 교회를 세우려는 첫 번째 시도가 프랑크푸르트에서 실패로 돌아가자 녹스와 그의 지지자들은 제네바로 발길을 돌렸습니다. 프랑크푸르트에서는 그들의 시도가 실패했지만 제네바에서는 성공을 거두었습니다. 녹스는 그곳에서 프랑크푸르트에서 시도했다가 거부당한 '예배 규칙'을 도입했습니다. 그리고 그것이 제네바의 '예배 규칙'이 되었습니다. 이 예배 규칙은 지금은 '제네바 규범'으로 알려져 있습니다. 제네바 규범은 칼빈의 예배 규범이 아닙니다. 물론 칼빈도 자신의 예배 규범을 만들었습니다. 그러나 제네바 규범은 본래 녹스가 만든 것입니다. 나중에 녹스는 스코틀랜드에 돌아와서도 이 예배 규범을 도입했습니다. 그때 이후로 그의 예배 규범이 스코틀랜드 교회의 공식 예배 규범으로 사용되고 있습니다.

그리하여 제네바에서 잉글랜드인들 사이에 진정한 의미에서의 청교도 교회가 최초로 세워졌습니다. 이 사실은 칼라일과 함께 '존 녹스를 잉글랜드 청교도주의의 설립자'로 주장할 수 있는 가장 유력한 증거를 제공합니다.

또한 제네바에서 녹스는 군주들에 관한 견해, 곧 '권력자들'에 대한 기독교인의 태도에 관한 견해를 피력하였습니다. 그 점에서 그는 칼빈보다 앞섰습니다. 이 사실 역시 그가 진정한 청교도주의자임을 보여 주는 증거입니다. 그런 가르침을 배제하고서는 17세기에 일어난 혁명을 바르게 이해할 수 없다고 나는 생각합니다. 이처럼 녹스는 훗날 큰 발전으로 이어질 새 물결을 처음 일으킨 인물입니다.

또한 그는 제네바에서 『여성들의 극악한 통치를 반대하는 첫 번째 나팔 소리』라는 유명한 책을 출간했습니다. 존 녹스는 여왕이 국가를 다스리는 것이 성경에 맞지 않다고 믿었습니다. 그는 성경 구절을 구체적으로 인용하여 자신의 주장을 뒷받침했습니다. 그래서 그는 엘리자베스 1세의 분노를 일으켰으며, 여왕은 그를 결코 용서하지 않았습니다. 그런데도 그는 '두 번째 나팔 소리'를 준비하기 시작했습니다. 그러나 그는 이 책을 출판하지 못했습니다.

이런 사례는 그의 용기와 독립적인 사고를 보여 줄 뿐 아니라 그의 청교도적 본성을 드러내는 증거입니다.

이제 이야기를 마무리하면서, 녹스가 때로는 약간의 궤변을 내세우기도 했다는 점을 지적하려 합니다. 그는 여성 군주의 문제에 대해 성경이 분명하게 가르치고 있는데도 특별한 상황에서 잉글랜드의 엘리자베스와 스코틀랜드의 메리가 당분간 군주로 활동하는 것이 어떻게 용납될 수 있는지를 설명했습니다. 이것은 약간의 궤변이 섞인 논리였습니다. 그러나 그의 주된 입장은 『첫 번째 나팔 소리』에 진술된 바와 같았습니다.

한 가지 더 말하겠습니다. 1558년에 메리 튜더가 죽자 엘리자베스가 보위에 올랐습니다. 녹스는 즉시 새로운 가능성을 감지하고서 『잉글랜드 국민에게 메리의 폭정에 의해 억압받고 추방된 그리스도의 복음을 신속히 받아들일 것을 고하는 짤막한 권고』*A Brief Exhortation to England for the Speedy Embracing of Christ's Gospel Heretofore by the Tyranny of Mary Suppressed and Banished*를 집필했습니다. 그리고 1559년에 이 권고문을 제네바에서 보냈습니다. 물론 엘리자베스는 잉글랜드 국민에게 새로운 상황에 대처하는 방법을 지시하는 이 스코틀랜드 사람을 강력히 거부했습니다.

녹스는 성공회의 상황에 대해 깊이 우려하면서 매우 강한 어조로 권고문을 작성했습니다. 그가 버릭과 뉴캐슬에서는 물론 프랑크푸르트와 제네바에서 잉글랜드 피난민을 상대로 목회 활동을 했기 때문에 그들에게 그런 권고문을 쓸 수 있었습니다. 그는 그들에게 메리의 통치 기간에 일어났던 일을 상기시키며 그것이 하나님의 징벌이었음을 잊지 말라고 당부했습니다. 그는 그들에게 잘못을 뉘우치고 회개하라고 촉구하였고, 심지어 나조차도 옹호하기 어려운 극단적인 말을 토해 냈습니다. 그는 그 점에 대하여 조금도 관용을 보이지 않았습니다. "아무도 교회의 권징의 멍에로부터 자유로워서는 안 된다. 또한 하나님을 믿는 종교로부터 이탈하도록 허용해서도 안 된다." 더 나아가 하나님을 믿는 참된 종교를 파괴하고 우상 숭배를 도입하려 하는 군주나 왕이나 황제는 "하나님의 계명에 따라 사형을 선고받아야 한다"라고 덧붙였습니다.

물론 나는 그의 말을 글자 그대로 받아들이고 싶지 않습니다. 녹스는 결코 누군가를 처형하는 수단이나 명분을 제공한 적이 없었습니다. 그의 말은 원리상 그렇다는 뜻입니다. 그는 결코 그런 말을 실행하지 않았습니다. 아무튼 그의 이 말이 쉽게 옹호하기 어려운 극단적인 말인 것만은 분명합니다.

그는 잉글랜드 국민에게 고하는 권고문에서 교회와 교육의 개혁을 거론하면서 '사람들이 성경의 가르침 안에서 교육받을 수 있는 학교를 세워야 한다'고 주장했습니다. 이것은 교회와 교육의 개혁을 위한 계획으로 잉글랜드 청교도가 최초로 인쇄해 출판한 개혁의 청사진이었습니다. 이것은 매우 중요한 문서입니다. 교회와 그 운영 체제에 관해 청교도의 원리를 밝힌, 인쇄된 최초의 문서이니 말입니다.

녹스는 거기에서 주교 제도에 대해 반감을 드러냈습니다. 그는 모든 주교 관구를 열 개로 분할해 한 사람의 주교가 활동하던 곳에 열 명의 설교자를 세워 그들로 정기적으로 설교하게 해야 한다고 제안했습니다. 그는 주교 관구와 주교 제도를 폐지해야 한다고 주장했습니다. 큰 주교 관구를 운영하기 쉬운 열 개의 교구로 나누고, 경건하고 학식 있는 사람들을 가르쳐 설교자로 세워 모든 도시와 마을에서 사람들을 가르치게 해야 한다는 것이 그의 지론이었습니다.

그 후 녹스는 스코틀랜드로 돌아가 그곳에서 남은 생애를 보냈습니다. 그러나 그와 잉글랜드 청교도와의 관계는 그것으로 끝나지 않았습니다. 그를 따르는 사람들, 곧 진정한 청교도들이 주교들의 박해를 받고 있다는 소식이 그에게 들려오기 시작했습니다. 박해를 받는 사람들 중에는 프랑크푸르트와 제네바에서 피난민 교회에 나왔던 사람들도 더러 있었습니다. 그래서 그는 스코틀랜드에서 잉글랜드 주교들에게 편지를 보내 행동을 자제하라고 촉구하며, 청교도에 대한 탄압을 중단하라고 호소했습니다. 그리고 진정한 청교도로서 그는 잉글랜드에서 타협하기 시작한 다른 청교도들에게 편지를 보내 예복과 중백의中白衣 등에 관한 자신의 입장을 분명히 밝혔습니다. 그는 그런 것들을 '로마 가톨릭의 누더기'라고 일컬었습니다. 진정한 청교도의 목소리였습니다.

1567년에 그는 잉글랜드에서 박해를 받는 청교도들에게 편지를 보냈습니다. 그런데 이 편지는 몇몇 사람들을 당혹스럽게 만들었습니다. 왜냐하면 그가 그들에게 실망을 안겨 주는 것처럼 보였기 때문입니다. 그 청교도들 가운데 몇 사람이 그에게 편지를 보내 확실하게 자신들의 편이 되어 달라고 호소했습니다. 사실 그는 이미 주교들에게 보낸 편지를 통해 그렇게 했습니다. 그러나 그는 그들에게 답장을 보내 "공공질서를 깨뜨리거나 어지럽히지 말고 당분간은 평화와 일치를 유지하는 데 적합한 생각을 가지라"라고 권고하였습니다. 그는 분열을 도모하여 분리주의자가 되는 것을 피하라고 조언했습니다. 그는 분열을 반대했습니다.

그러나 나는 그가 '당분간'이라는 표현을 사용했다는 점을 강조하고 싶습니다. 녹스는 종종 이 점에서 오해를 받곤 합니다. 사람들은 그가 분리를 원하지 않았으며 '타협적인 청교도'의 편이었다고 주장합니다. 그러나 그렇지 않습니다. 오히려 이 편지는 그가 지닌 탁월한 분별력을 보여 주는 또 하나의 증거입니다. 녹스는 항상 잉글랜드의 상황이 특별하다고 이해했던 것으로 보입니다. 확실히 그의 생각은 옳았습니다. 스코틀랜드 사람인 그는 잉글랜드 사람들이 지닌 독특한 면을 알아보는 데 탁월한 능력과 이해력을 가지고 있었습니다.

우리가 무시해서는 안 될 사실은 잉글랜드 사람들이 타협에 능하다는 것입니다. 잉글랜드 사람들은 정확한 진술이나 확실한 정의를 싫어합니다. 그들은 지금도 대영제국이 건설되었을 때 성문법이 없었다는 사실을 자랑합니다. 잉글랜드 사람들은 항상 '그럭저럭 상황을 헤쳐 나온' 것을 만족스럽게 생각합니다. 녹스는 이 사실을 늘 의식했습니다. 따라서 그는 런던에 있는 동안 버릭과 뉴캐슬에서는 하지 않은 일도 기꺼이 행하리라 준비하고 있었습니다. 그가 프랑크푸르트와 제네바에 머무를 때나 스코틀랜드로 돌아갔을 때는 결코 한 적도 없고, 또 하려고 하지도 않은 일을 하려 했던 것입니다.

그러나 잉글랜드에 있는 청교도에게 편지를 보낼 당시에는 입장이 좀 다르다고 판단했습니다. 그래서 그는 자기 자신을 모순에 빠뜨리는 듯한 어투로 그들에게 어떤 일에 대해서는 그저 묵묵히 참고 순응하라고 조언했습니다. 그는 종교 당국이 대체로 진리를 전하고 있다면 그런 특별한 문제 하나 때문에 분열을 도모해서는 안 된다고 당부했습니다.

그가 '당분간'이라고 표현한 것에 주목하기 바랍니다. 그는 진리의 세력이 곧 승리하리라는 희망이 여전히 있을 뿐 아니라 모두가 '로마 가톨릭의 누더기'를 비롯해 다른 모든 유물을 없애야 한다는 것을 깨닫게 되리라고 확신했습니다. 그러나 그의 희망은 이루어지지 않았고, 그는 1572년에 죽었습니다.

다만 겉으로는 자기모순에 빠진 것처럼 보이는 일이 사실은 지혜와 분별력의 발로였음은 분명합니다.

잉글랜드 청교도에 대한 녹스의 영향력은 거기서 그치지 않았습니다. 그의 영향력은 그가 죽은 뒤에도 계속 이어졌습니다. 녹스는 『스코틀랜드 종교개혁사』History of the Reformation in Scotland를 집필했습니다. 그의 책이 1587년에 스코틀랜드가 아니라 잉글랜드에서 잉글랜드 청교도에 의해 출판되었다는 사실은 매우 흥미롭습니다. 존 녹스가 쓴 다른 책을 출판한 존 필드John Field는 청교도 지도자의 한 사람으로 그 책을 소개하는 머리말에서 녹스에게 "하나님의 도구로시 지극히 합당히고 뛰어난 인물"이라는 최고의 찬사를 아끼지 않았습니다. 그리고 "그의 모든 모습에 경건하고 뛰어난 노력의 흔적이 역력할 뿐 아니라 그의 담대하고도 영웅적인 정신이 여실히 드러나 있다"라고 평가했습니다.

녹스의 영향력은 심지어 다음 세기로까지 이어졌습니다. 존 밀턴John Milton은 찰스 1세의 처형을 정당화하는 책을 쓰면서 존 녹스의 사상을 매우 의존했습니다. 이것이 때로는 통치자들에게 당당히 맞설 뿐 아니라 필요한 경우에는 그들을 사형에 처할 수도 있다고 주장한 그의 통찰력과 성경에 대한 이해력을 내가 그토록 강조하는 이유입니다. 존 밀턴이 그 사실을 인정했다는 것은 녹스가 청교도주의의 설립자라는 것을 입증하는 강력한 증거입니다.

1683년에 찰스 2세가 자신이 로마 가톨릭 신자라는 사실을 공공연히 내세우기 시작하면서, 당국자들의 명령으로 존 녹스의 저서들이 옥스퍼드에서 공개적으로 소각되었으며, 그의 저서를 읽어서는 안 된다는 금지 조항까지 발효되었습니다. 1572년에 죽은 녹스에 대해 1683년에 그런 조처가 취해진 것입니다. 그의 영향력은 그렇게 오랫동안 지속되며 두려움을 자아냈습니다. 그는 참으로 스코틀랜드는 물론 잉글랜드 청교도주의의 설립자였습니다.

필그림 파더스Pilgrim Fathers를 생각해 봅시다. 국가와 통치자에 대한 그들의 태도의 배후에는 녹스의 사상이 숨어 있었습니다. 토마스 칼라일의 주장대로, 그는 미국 청교도주의의 설립자이기도 한 것입니다. 사실 많은 점에서 볼 때, 나는 녹스가 1776년에 시작된 미국 독립 전쟁의 아버지였다고 주장하고 싶습니다. 식민지 개척자들의 견지에서 보면 독립 전쟁은 그들의 승리로 끝났습니다. 녹스가 바로 그 모든 사건을 일으킨 장본인입니다.

녹스에 대한 우리의 평가

그렇다면 우리는 녹스를 어떻게 생각해야 할까요? 그는 그의 시대, 곧 그의 세대를 위한 사람이었습니다. 특별한 시대에는 특별한 사람이 필요합니다. 하나님은 항상 그런 사람을 일으켜 세우십니다.

16세기 스코틀랜드의 상황에서 유약한 사람은 별로 쓸모가 없었을 것입니다. 이 나라의 다른 많은 곳도 역시 마찬가지입니다. 강하고 단호하며 용기 있는 사람이 필요했습니다. 존 녹스가 바로 그런 사람이었습니다. 물론 마틴 루터도 그런 사람이었습니다. 하나님은 여러 유형의 사람들을 사용하시고, 그들에게 다양한 기질을 허락하십니다. 시대에 따라 그 시대에 맞는 사람들이 필요하기 때문입니다. 녹스의 시대에는 강인하고 영웅적인 기질을 가진 사람들이 필요했습니다. 이것이 하나님께서 녹스를 보내신 이유입니다.

그를 엄격한 사람으로만 생각하지 않도록 하기 위해 나는 그의 뛰어난 겸손을 언급하면서 강연을 마무리하고자 합니다. 혹 "존 녹스가 겸손하다고요?"라고 반문할 사람이 있을지도 모르겠습니다. 그러나 그는 지극히 겸손한 사람이었습니다. 어떤 사람이 진리를 위해 굴복하지 않고 담대히 나섰다고 해서 그를 겸손하지 않은 사람으로 여기는 것은 큰 오해입니다. 그런 사람은 자신이 아니라 진리를 위해 싸웁니다.

나는 녹스가 오늘날의 많은 사역자들보다 훨씬 더 겸손한 사람임을 입증할 자신이 있습니다. 그는 회심한 후에 세인트 앤드루스에 머물렀습니다. 그는 설교해 달라는 요구를 받았지만, "하나님께서 부르시지도 않는데 달려갈 수는 없다"라고 말하면서 거절했습니다. 이 말은 확실한 소명 의식이 없는 한 아무것도 할 수 없다는 뜻입니다. 녹스는 소명을 확실히 의식하지 않는 한 설교자로 나서려고 하지 않았습니다.

담임 사제는 존 러프John Rough에게 모일 모시에 녹스에게 가서 설교자로서의 임무를 거부하지 말고 설교를 맡아 줄 것을 부탁하라고 지시했습니다. 그리고 그는 교인들에게 요구하기를, 러프가 녹스를 찾아가 설교를 부탁하는 것이 모두의 뜻임을 확실히 해 달라고 했습니다. 그러자 모든 교인이 그것이 모두의 뜻이라고 한목소리로 외쳤습니다. 모든 교인이 녹스의 설교를 원했습니다.

녹스가 어떻게 반응했을까요? 녹스는 울음을 터뜨리며 자기 방으로 들어갔다고 합니다. 그는 처음으로 설교하는 날이

오기까지 심한 우울감과 불안에 사로잡혔습니다. 그가 한 번도 웃지 않았을 뿐 아니라 가능한 한 사람들과 어울리지도 않고 혼자서 시간을 보냈기 때문에 모두가 그의 감정이 몹시 침울한 상태라는 것을 알 수 있었다고 합니다.

설교하기 위해 언제라도 강단 위로 뛰어올라갈 준비가 되어 있는 사람과는 참으로 대조적인 모습이 아닐 수 없습니다. 이것은 참된 겸손이자 진정한 청교도 정신입니다. 그는 하나님과 사람 사이에서 '측량할 수 없는 그리스도의 풍성함'(엡 3:8)을 전하는 일을 두렵게 생각하였습니다. 그는 하나님을 경외하는 태도를 지니고 있었습니다. 이와 마찬가지로, 청교도 역시 회심한 사람은 누구나 설교할 수 있다거나 본인만 좋다면 그것이 곧 하나님의 부르심인 줄 알고 언제든 달려갈 수 있다고 생각하지 않았습니다. 그들은 설교자로서의 임무가 얼마나 신성한 것인지를 깊이 의식하고 있었습니다. 청교도는 바울 사도처럼 '약하고 두려워하고 심히 떨리는'(고전 2:3 참고) 태도로 그 일을 받아들였습니다.

사람들은 녹스가 스코틀랜드 여왕 메리 앞에서 예의 없이 행동했다는 이유로 그를 거만한 사람으로 평가하곤 합니다. 그러나 그런 생각은 진정한 남자는 모든 여성을 친절하게 대해야만 한다는 잘못된 통념에서 비롯된 것입니다. 아울러 그런 생각은 참된 여성성, 곧 참된 여성이 진정으로 좋아하는 것에 대한 오해이기도 합니다. 여성에게 친절한 남자라는 일반적인 개념은 '사교계의 멋쟁이'라는 의미에 가깝습니다. 그러나 사실 그런 사람은 여성들이 원하는 남자가 아닙니다. 참된 여성은 그런 남자에게 눈길조차 주지 않습니다. 참된 여성은 강한 남자를 좋아합니다.

녹스의 전기를 읽어 보면 그가 많은 여성과 연락을 주고받았다는 사실을 알 수 있습니다. 군주와 귀족들을 상대로 싸웠던 강인한 종교개혁자인 그가 찰스 램Charles Lamb이 '영혼의 볼거리와 홍역'이라고 표현한 일에 세밀한 정성을 기울였습니다. 그와 연락을 주고받은 여성들은 개인적인 문제와 어려움, '양심의 문제'에 관한 고민을 털어놓았고, 그는 항상 시간을 내 그들에게 편지를 보냈습니다. 그는 종종 부드러운 어조로 장문의 편지를 썼습니다. 그가 제네바에 있을 때에는 두 명의 여성이 그의 사역에 동참하기 위해 바다와 대륙을 건너는 위험한 여행도 마다하지 않았습니다.

그가 장모였던 보우스 부인을 비롯해 앤 로크Ann Lock 부인과 수년 동안 주고받은 편지를 살펴보면, 그가 지극히 온유한 심령을 소유했다는 사실을 분명히 알 수 있습니다. 그의 참모습을 알게 되면 누구나 그 사실을 인정할 수밖에 없을 것입니다. 그는 솔직하고도 진실하며 참된 영혼을 대할 때 항상 그런 태도를 취했습니다. 이것은 그의 겸손함을 보여 주는 또 하나의 증거입니다.

그의 겸손에 대해 좀 더 말하겠습니다. 그는 스코틀랜드로 돌아온 뒤 교회에 주교가 아닌 감독을 세웠습니다. 당시에 그렇게 해야 할 필요가 있었기 때문입니다. 물론 그 일은 일시적인 편의를 위한 것이었으므로 나중에는 중단되었습니다. 그런데 여기서 흥미로운 사실을 발견하게 됩니다. 그가 직접 감독의 자리에 오르지 않았다는 것입니다. 그는 끝까지 설교자로 남았습니다. 그는 총감독은 고사하고 감독마저도 원하지 않았습니다. 이 모든 것이 그의 겸손과 청교도 정신을 잘 보여 주는 증거입니다.

이제 고상하고 강인하면서도 부드럽고 사랑스러운 심령을 소유한 녹스와 작별해야 할 시간이 된 것 같습니다. 그는 마침내 세상을 떠나 영원한 상급을 받게 되었습니다. 그의 딸은 이렇게 말합니다.

"정오쯤에 그는 아내에게 고린도전서 15장을 큰 소리로 읽어 달라고 부탁하고, 손가락 세 개로 자신의 영혼과 정신과 육체를 표시하면서 자신의 영혼과 정신과 육체를 하나님께 의탁한다고 말했습니다. 그리고 오후 5시경에 '내가 처음 닻을 내렸던 곳을 찾아 읽어 주시오'라고 말했습니다. 그의 아내는 요한복음 17장을 그에게 읽어 주었습니다. 오후 10시 저녁 기도 시간에 의사가 그에게 기도 소리가 들리느냐고 물었습니다. 그는 '원하건대 당신과 다른 모든 사람이 내가 듣는 것처럼 그 소리를 들을 수 있기를 바랍니다. 저 아름다운 하늘의 소리를 듣게 해 주신 하나님께 감사합니다'라고 대답했습니다. 그러고는 '이제 때가 되었습니다'라고 짧게 말했습니다."

그것이 그의 마지막이었습니다. 그가 죽음의 강을 건널 때 저 하늘에서 나팔 소리가 크게 울려 퍼졌을 것이 틀림없습니다. 하나님의 위대한 전사였던 그는 하늘나라에 들어가 영원한 영광의 면류관을 받았습니다.

3장

존 녹스와
그의 싸움

이안 머리

John Knox and 'the Battle'

"오, 하나님! 하나님께서 하나님 자신과 사랑스런 독생자 예수 그리스도를 그분의 복된 복음을 전하는 참설교를 통해 세상에 다시 밝히 드러내셨습니다. 이 복음이 하나님의 자비로 이곳 스코틀랜드에 있는 저희에게 주어졌습니다……오, 주님! 주님의 이름으로 모인 저희에게 성령 충만을 허락하시어 이 부패하고 강퍅한 세대 속에서 주님의 영광을 드높일 수 있는 일들을 깨닫게 하옵소서. 오, 주님! 저희에게 참된 교리 안에서 서로 한마음, 한뜻이 될 수 있는 은혜를 허락하소서. 저희의 미력한 노력에 복을 주사 그 열매가 예수 그리스도를 통해 주님의 거룩하신 이름을 높이고, 이 세대는 물론 다가올 세대를 유익하게 할 수 있도록 도우소서. 하나님과 예수 그리스도와 성령께서 모든 영광과 찬양을 영원히 누리시기를 기도합니다. 꼭 그렇게 되기를 간절히 바라옵니다."

존 녹스는 역사상 가장 논란이 많은 인물 가운데 한 사람입니다. 심지어 그의 동포들까지도 그에 대한 의견이 엇갈릴 정도입니다. 많은 사람들이 그가 '가장 위대한 스코틀랜드 사람'이었다고 주장합니다.[1] 그러나 찰스 워Charles Warr는 좀 더 현대적인 견해를 내세웁니다. 그는 "녹스는 기독교의 덕목을 거의 갖추지 못한 사람이었다"라고 평가합니다.[2] 이러한 차이는 16세기 스코틀랜드의 상황을 바라보는 관점이 서로 다른 데서 비롯됩니다.

역사는 사실만이 아니라 사실에 대한 해석에 기초합니다. 먼저 몇 가지 사실부터 생각해 봅시다.

1528년 2월의 마지막 날에 스물네 살의 젊은이가 세인트앤드루스에서 산 채로 화형을 당했습니다. 그의 이름은 패트릭 해밀턴이었습니다. 그로부터 약 30년 동안 스무 명 가량의 남녀가 비슷하게 죽임을 당했습니다. 글래스고와 쿠퍼에서처럼 혼자서 처형된 경우도 있고, 집단으로 처형된 경우도 있었습니다. 예를 들어, 에든버러에서는 1530년대에 한 번은 두 사

---

[1] James Stalker, *His Ideas and Ideals*(London: Hodder and Stoughton, 1904), p.v. "대다수 스코틀랜드인은 녹스를 스코틀랜드가 배출한 가장 위대한 사람으로 생각하고 있다." P. Hume Brown, *John Knox, A Biography*(London: Black, 1895), vol.2, p.298.
[2] Charles L. Warr, *The Presbyterian Tradition*(London: Maclehose, 1933), p.303.

람이, 또 한 번은 네 사람이 함께 처형되었고, 1559년에는 여든이 넘은 월터 밀른Walter Milne(때로 그는 "밀"이라고 불리기도 했습니다)이라는 사람이 세인트앤드루스에서 마지막으로 화형에 처해졌습니다.[3]

이런 사실은 보통 종교적인 편협함과 미신에서 비롯된 불행한 사건으로 해석되곤 합니다. 물론 단지 의견의 차이 때문에 사람들을 처형한 것은 그때가 암흑시대였기에 가능한 일이었습니다. 그런데 1530년대에 스코틀랜드에서 금서로 지정된 책에서 그와는 매우 다른 설명을 발견할 수 있습니다. 그것은 바로 윌리엄 틴데일이 번역한 신약성경입니다. 그 책의 요한계시록에서 '증인들'(계 17:6)이 죽임을 당한다는 기록을 볼 수 있습니다. 즉, 성경은 그리스도의 초림과 재림 사이에 기독교 교회가 고난을 당하는 이유가 인간의 어리석음 때문이 아니라 마귀의 권세 때문이라고 증언합니다. 마귀는 사람들을 이용합니다.

마귀의 행위가 성경의 다른 구절에도 분명히 기록되어 나타납니다. 우리는 요한계시록 13장에서 '두 짐승'을 통해 드러

---

[3] 다음 자료를 참고하십시오. David Hay Fleming, *The Reformation in Scotland*(London: Hodder and Stoughton, 1910), pp.194-200.

난 사탄의 의도를 알 수 있습니다. 두 짐승 가운데 하나는 국가와 정부, 다른 하나는 거짓 종교, 즉 겉으로는 어린양처럼 보이지만 용처럼 거짓을 말하는 종교(계 13:11 참고)를 각각 가리킵니다. 하나님은 그런 성경 말씀을 통해 순교자들에게 그들이 당하는 고난의 의미를 올바르게 이해할 수 있는 안목을 열어 주셨습니다.

패트릭 해밀턴과 그를 따르는 사람들은 당시 교회에 의해 처형되었습니다. 당시의 교회에는 재산과 수입과 인력이 풍부했습니다. 인구가 약 80만 명밖에 안 되는 나라에서 사제의 숫자는 약 3,000명에 이르렀습니다. 백성은 가난했지만, 교회는 그 땅에서 가장 좋은 건물을 차지했습니다. 당시 교회는 도덕과 지성의 측면에서 부패할 대로 부패해 있었습니다.

성직자들은 독신을 서약하고도 정부情婦를 거느리고 사는 일이 비일비재했습니다. 데이비드 비튼David Beaton 대주교는 여덟 명의 사생아를 두었고, 모레이의 주교는 열 명의 사생아를 두었습니다. 그런 식으로 태어난 아들들에게는 교회에서 많은 돈을 벌 수 있는 직책이 주어졌고, 딸들에게는 귀족과 결혼할 수 있는 기회가 주어졌습니다.

그러던 중 교회는 많이 늦은 감이 없지 않았지만 1549년에 개혁을 생각하기 시작했고, 성직자들 가운데 도무지 용납할 수 없이 무지한 자들이 존재한다는 사실을 공식적으로 인정했습니다. 심지어 어떤 사제들은 알파벳도 모를 정도였습니다. 성경에 바탕을 둔 설교는 사라진 지 오래되었고, 혹시라도 성경을 전하는 사람이 있으면 즉시 개신교라는 혐의를 받았습니다.

한 수도사는 그런 혐의가 포착되어 던켈드의 주교에게 심문을 받았습니다. 주교는 '거룩한 교회의 자유를 나타내는 선한 복음이나 선한 서신'을 고수한다면 설교에 반대하지 않겠다고 말했습니다. 수도사는 재빠르게 성경에서 무엇이 선한 복음이요 선한 서신인지, 무엇이 악한 복음이요 악한 서신인지를 구별하는 법을 모르겠다고 대답한 뒤 주교에게 자신의 무지를 깨우쳐 달라고 호소했습니다. 그러자 주교는 대답할 말을 찾지 못하고, "하나님 감사합니다. 저는 구약성경과 신약성경이 무엇인지 모릅니다. 저는 다만 성무일도서와 교황 주교 예전 외에는 아무것도 알고 싶지 않습니다"라고 외쳤다고 합니다.[4]

---

4) J. H. Merle d'Aubigné, *History of the Reformation in Europe*, vol.6(London: Longmans, 1875), p.123.

스코틀랜드에서는 16세기 중반 이전부터 개혁이 필요하다고 부르짖는 소리가 사방에서 울려 퍼졌습니다. 사람들은 그릇된 삶이 그릇된 교리에서 비롯된다는 사실을 의식하지 못했습니다. 교회가 비대할 대로 비대해져 자기만족에 잔뜩 취하게 된 이유는 성례전, 연옥, 면죄부와 같은 것들을 통해 많은 수익을 올렸기 때문입니다. 당시의 성직자들은 개신교 증인들의 메시지가 널리 퍼져 나갈 경우 사람들의 영혼에 대한 교회의 절대적인 권위가 무너질 것을 우려하여 그들을 그토록 증오하였습니다. 그들이 순교자들에게 덮어씌운 죄목에서 이런 짐을 충분히 확인할 수 있습니다.

패트릭 해밀턴은 성례로는 구원받을 수 없다고 주장했다는 이유로 단죄를 받았습니다. 그가 "어린아이는 유아세례 이후에도 여전히 죄에 오염되어 있다"라고 말한 것이 법정에서 그에게 적용된 첫 번째 죄목이었습니다. 그리고 "행위가 아니라 믿음만으로 의롭다하심을 받는다"라고 말한 것이 두 번째 죄목이었습니다.[5] 그의 적들은 복음주의자들이 구원의 근거를 교회에서부터 그리스도께로 옮기고 있다는 것을 의식했습니다. 해밀턴은 "그리스도께서 우리의 죄를 짊어지고 그 피로

---

5) A. F. Mitchell, *The Scottish Reformation*(Edinburgh: Blackwood, 1900), p.31.

우리를 속량하셨다"라고 말했습니다.[6]

현대인들은 16세기 교회의 분열은 단지 용어와 표현의 차이에서 비롯되었으며, 양측 모두 똑같이 기독교인으로 간주되어야 한다고 생각합니다. 그런 생각은 종교개혁이 일어나기 전에 스코틀랜드를 지배했던 '어둠의 권세'에 대한 무지를 드러냅니다.

당시에는 복음이 아예 무엇인지도 몰랐습니다. 그러나 순교자들은 자신들과 박해자들의 차이가 단순한 의견의 차이가 아님을 알았습니다. 그들은 자신이 무엇으로부터 구원받았는지를 정확히 알고 있었기 때문입니다. 구원의 방법이 문제였습니다. 1560년, 녹스는 섭정 여왕의 고문들에 대해서 말하기를, "여왕의 곁에 있는 이 무지한 교황주의자들은 구원의 신비에 관해 아무것도 알지 못한다"라고 했습니다.[7]

종교개혁은 단순히 양측의 견해 차이에서 비롯되지 않았습니다. 오직 성경만을 의지했던 종교개혁자들은 원수들의 목표가 복음의 목소리를 묵살하려는 것임을 정확하게 간파했습

---

6) d'Aubigné, *History*, vol.6, p.50.
7) John Knox, *History of the Reformation in Scotland*, ed., C. J. Guthrie(repr., Edinburgh: Banner of Truth, 1982), p.222. 지금부터는 "Guthrie, *Knox*"라고 표기하겠습니다.

니다. 존 녹스가 가장 즐겨 사용한 말은 '싸움'이었습니다. 그는 자신의 싸움이 혈과 육을 상대하는 것이 아니요, 통치자들과 권세들과 이 어둠의 세상 주관자들을 상대로 하는 것임을 잘 알고 있었습니다(엡 6:12 참고).

초창기(1514-1559년)

존 녹스는 1514년에 태어났습니다.[8] 그는 그의 싸움과는 성격이 다른 싸움에 휘말린 가정에서 태어났습니다. 그는 이스트로디언East Lothian의 해딩턴Haddington에서 태어났으며, 그의 아버지와 조상들은 보스웰Bothwell의 헵번Hepburns 백작 가문의 깃발 아래 군인으로 종사했습니다. 그들 가운데 한 명 이상이 1513년에 플로든Flodden에서 전투하다가 사망한 것으로 추정됩니다.

당시 스코틀랜드에 살았던 사람치고 전쟁에 한두 번 나가지

---

[8] 17세기의 한 사본은 그의 사망 연도를 '1557년'으로 표기하고 있습니다. 그러나 그것은 '1567년'을 잘못 읽은 것이었습니다. 그 결과 그의 출생 시기가 본래보다 10년이나 앞당겨졌습니다. 헤이 플레밍(Hay Fleming)이 1904년에 그 사실을 밝혀내기 전까지는 모든 저자가 똑같은 실수를 반복했습니다. 피터 영(Peter Young)이 1579년 11월에 베자(Beza)에게 보낸 편지에는 녹스의 사망 연도가 정확히 1557년이었음이 확증되어 있습니다. 다음 자료를 참고하십시오. P. Hume Brown, *John Knox, A Biography*, vol.2(London: 1895), pp.322-323.

않은 사람은 거의 없었습니다. 사람들의 목숨은 파리 목숨과 같았고, 시대는 몹시 혹독했습니다. 이런저런 이유로 갑작스레 목숨을 잃는 일이 다반사였습니다. 어떤 잉글랜드 병사는 양식을 얻기 위해 스코틀랜드의 한 농가에 침입하여 허리를 굽히고 곡식 통을 들여다보고 있는데 느닷없이 한 여성이 그의 발목을 붙잡았습니다. 그 바람에 병사는 머리부터 거꾸로 넘어져 죽고 말았습니다.

패트릭 해밀턴이 세인트앤드루스에서 처형될 때 녹스의 나이는 열네 살 정도였습니다. 그 사건이 있고 나서 오래지 않아 그는 그곳의 대학교에 진학했습니다. 녹스는 해밀턴이 화형당하는 것을 보고서도 회심하지 않았던 것 같습니다. 왜냐하면 녹스에 관해 우리가 알고 있는 사실 가운데 가장 확실한 것 하나가 그가 1536년에 사제 서품을 받았다는 것이기 때문입니다.

그는 교회의 법률가, 즉 공증인으로 일했으며, 1540년에서 1543년 사이에는 이스트로디언에서 공증인으로 일한 것이 분명합니다. 그가 "하나님이 교황주의의 웅덩이에서 나를 건져 내기를 기뻐하셨다"라고 말한 때가 언제인지는 정확히 알 길이 없습니다.[9] 우리가 아는 바로는 1542-1543년에 일시적으로 정책에 변화가 생겨 정부가 개신교에 대해 관용을 베푼 적이 있었습니다. 그때 토마스 질리엄Thomas Guylliame이라는 사람이 이스트로디언과 에든버러에서 복음을 전했습니다. 데이비드 콜더우드David Calderwood는 그를 가리켜 '존 녹스에게 진리의 맛을 알게 한 최초의 사람'이라고 말했습니다.[10]

싸움을 위한 준비

녹스가 1543년경에 개신교 신자가 되었다면, 그 후 3년 동안은 성경 연구에 몰두했을 것이 분명합니다. 왜냐하면 그가 처음 두각을 나타내기 시작한 1546, 1547년에 그는 이미 하나님의 말씀을 효과적으로 전할 수 있는 능력을 갖추고 있었기 때문입니다. 그는 당시 서른두 살 가량 되었으며, 교회에서 보수를 받지 않고 개인 교사로 생계를 해결했습니다. 이 사실은 녹스의 가장 중요한 책인 『스코틀랜드 종교개혁사』에서 확인할 수 있습니다. 물론 이 책은 그의 자서전이 아닙니다. 이 책에서 녹스의 이름은 조지 위셔트의 사역과 관련해 스쳐 지

---

9) *Works of John Knox*, ed. David Laing, vol.3(Edinburgh, 1895), p.439. 지금부터는 "Laing, *Knox*"로 표기하겠습니다.
10) David Calderwood, *History of the Kirk of Scotland*, ed. Thomas Thomson(Edinburgh: Wodrow Soc., 1842), vol.1, p.156.

나가듯 처음 등장합니다. 녹스는 "위셔트의 설교를 통해 하나님께서 놀랍게 역사하셨다"라고 진술합니다.

1545-1546년 위셔트가 이스트로디언에 와서 말씀을 전할 때 녹스는 정성껏 그의 시중을 들었습니다. 그의 임무 가운데는 양손검을 들고서 혹시 있을지도 모르는 자객의 공격으로부터 위셔트를 경호하는 일도 포함되었습니다. 그런데 위셔트가 자신의 사역이 막바지에 이른 것을 의식하고서 나중을 위해 녹스의 생명을 보존하기로 결정해야 할 필요가 대두되면서 그와 녹스는 어쩔 수 없이 헤어져야 했습니다. 위셔트는 "자네의 학생들에게로 돌아가게. 하나님이 복 주시기를 바라네. 한 번의 희생제사에는 한 사람이면 충분하다네"라고 말했습니다. 그리고 그들이 헤어진 그날 몇 시간 뒤인 자정쯤에 위셔트는 체포되었고, 나중에 비튼 추기경에 의해 세인트앤드루스의 비튼 성 밖에서 화형에 처해졌습니다. 그가 순교한 날짜는 1546년 3월 1일입니다. 그가 남긴 마지막 말 가운데 일부를 인용하겠습니다.

"하늘에 계신 아버지, 아버지께 간구합니다. 무지해서든 악한 마음에서든 저를 없애려고 거짓을 꾸며 낸 저들을 용서하옵소서. 저도 진심으로 저들을 용서합니다. 그리스도여, 지금

아무것도 모르고 저에게 사형을 선고한 저 사람들을 용서하옵소서."[11]

물론 개신교 신자들이 모두 위셔트와 같은 정신을 소유한 것은 아니었습니다. 그로부터 두 달이 지난 뒤 데이비드 비튼도 세상을 떠났습니다. 그는 자신의 성에 침입한 사람들에 의해 살해되었습니다. 비튼의 죽음은 혁명과 종교개혁을 혼동하게 만든 최초의 사건이었습니다. 혁명과 종교개혁의 이러한 연관성은 나중에 복음의 원수들에게 '복음주의 기독교의 발전이 물리적인 힘으로 이루어졌다'고 주장하는 빌미를 제공했습니다.

메를 도비뉴Merle d'Aubigné는 비튼의 살해 사건에 관해 이렇게 말합니다. "그런 일은 복음의 발전을 돕기보다 그 명분을 파괴할 가능성이 더 크다. 하나님 나라의 발전에는 위셔트의 기독교인다운 삶과 죽음이 비튼을 살해한 것보다 더욱 강력한 영향을 미쳤다."[12]

비튼이 죽은 뒤 세인트앤드루스 성에는 각양각색의 피난민이 몰려들었습니다. 그중에는 개신교 신자들이 다수를 차지

---

11) d'Aubigné, *History*, vol.6, p.244.
12) Ibid., p.257.

했습니다. 녹스는 위셔트가 당한 고난을 그대로 당하게 될 가능성이 높아지자 1547년의 부활절에 세 명의 학생과 함께 성 안으로 피신했습니다. 그리고 그곳에서 그의 진정한 삶과 사역이 이루어지기 시작했습니다.

성에 있는 사람들은 그가 학생들을 가르치는 것을 보고서 모든 사람 앞에서 성경을 가르치라고 강권했습니다. 그래서 그는 요한복음을 가르쳤습니다. 그러나 그리 오래 하지는 못했습니다. 같은 해 8월에 프랑스 군대가 범선 열여덟 척을 이끌고 와서 성을 공략했기 때문입니다. 프랑스 군대에 대항하던 사람들 120명이 포로로 잡혀갔습니다. 그중에 녹스도 포함되어 있었습니다.

1547년에 프랑스 군대가 스코틀랜드에서 행한 일에 대해서 약간 설명하겠습니다. 그 사건은 왕족의 결혼과 관련이 있습니다. 왕족의 결혼은 종종 정략적인 목적을 띱니다. 16세기 초에 대대로 앙숙 관계였던 스코틀랜드와 잉글랜드가 마가렛 튜더Margaret Tudor(잉글랜드 국왕 헨리 8세의 누이)와 스코틀랜드의 제임스 4세의 혼인을 통해 관계를 맺었습니다. 그러나 잉글랜드와 맺은 선의의 관계는 곧 깨지고 말았습니다. 특히 제임스 4세의 아들 제임스 5세가 프랑스 귀족 여성인 기스의 메리와 결혼한 것이 큰 영향을 미쳤습니다. 그들 사이에서 태어난 딸이 스코틀랜드의 여왕 메리입니다. 메리 여왕은 태어난 지 불과 일주일 만에 스코틀랜드 왕위를 계승했습니다.

잉글랜드의 헨리 8세는 자신의 아들 에드워드와 메리 여왕을 결혼시켜 두 나라를 하나로 통일할 수 있는 기회가 찾아왔다고 생각했습니다. 그러나 프랑스와의 관계가 더 돈독했던 메리의 어머니(기스의 메리)는 갓난아이인 그녀를 프랑스에 보내 방탕한 프랑스 궁정에서 13년 동안 교육받게 했습니다. 그러고는 기스의 메리는 1545년부터 섭정 여왕으로 스코틀랜드를 다스렸고, 그곳을 마치 프랑스의 일부인 것처럼 취급했습니다. 이에 대해 녹스는 "프랑스가 스코틀랜드를 지배하려는 야욕을 드러내기 시작했다"라고 말했습니다.[13]

이러한 국가 간의 관계는 복음의 회복에 중요한 영향을 미쳤습니다. 왜냐하면 잉글랜드는 개신교의 명분을 지지하고, 프랑스 정부는 이를 강하게 반대했기 때문입니다.

---

13) Knox, *History of the Reformation in Scotland*, in Laing, *Knox*, vol.1, p.233. 녹스의 『스코틀랜드 종교개혁사』의 번역본은 모두 세 권입니다. 그 가운데 거스리(Guthrie)의 것은 축약본으로 인기가 높고, 랭(Laing)의 것은 완역본입니다. 이 밖에도 윌리엄 크로프트 디킨슨(William Croft Dickinson)은 랭의 번역본의 철자를 현대식으로 전면 개정해 훌륭한 번역본을 내놨습니다. William Croft Dickinson, *John Knox's History of the Reformation in Scotland*(London: Nelson, 1949).

녹스는 1547년에 포로로 잡히는 바람에 프랑스와 잉글랜드를 모두 경험할 수 있었으며, 그 일이 그를 복음의 유능한 일꾼으로 준비되도록 만드는 데 상당히 큰 역할을 했습니다. 물론 녹스의 프랑스 경험은 비교적 미미했습니다. 그의 말대로 그는 포로로 잡힌 후 19개월 동안 프랑스 갤리선의 노예로 일했기 때문입니다. 갤리선에는 보통 50명의 노잡이가 있었습니다. 약 120센티미터 간격으로 늘어서 있는 3미터 정도의 의자에 각각 여섯 명의 노예가 앉아 길이 17미터 가량의 노(배 안으로 약 6미터가 들어와 있고 배 밖으로 약 11미터가 나와 있는 노)를 저었습니다. 노예들은 모두 의자에 사슬로 묶여 있었고, 바닷물은 자유롭게 아래 갑판 위를 넘나들었습니다.[14]

그러던 중 잉글랜드의 개입으로 녹스는 노예선에서 풀려나 1549년에 잉글랜드에 도착했습니다. 당시 잉글랜드 왕은 어린 에드워드 6세였습니다. 개신교를 지지하는 그의 정부는 녹스를 설교자로 임명해 북쪽 국경 지역으로 보냈습니다. 그는 처음에는 버릭에서, 그다음에는 뉴캐슬에서 사역하다가 마침내 런던에 돌아와 노섬벌랜드 공작의 부름을 받아 궁정 목사로 일하게 되었습니다.

---

14) 프랑스 갤리선은 당시나 17세기 말이나 크게 달라진 것이 없었습니다.

잉글랜드에서 녹스는 비교적 평화로운 생활을 하고 있었습니다. 그러나 1553년에 메리 튜더가 이복형제의 보위를 계승한 뒤 로마 가톨릭 신앙을 회복하는 순간 그 평화도 끝나고 말았습니다. 개신교 지도자들이 체포되는 가운데 녹스는 몇 달 동안 설교를 계속하다가 1554년 3월 초에 영국 해협을 건너 유럽으로 망명했습니다.

그는 잉글랜드를 떠나기 전에 버릭으로 돌아가려고 애썼습니다. 그곳에 가야 할 특별한 이유가 있었기 때문입니다. 버릭에서 사역하는 동안 복음의 능력에 사로잡힌 사람들 가운데 엘리자베스 보우스Elizabeth Bowes라는 여성이 있었습니다. 그녀는 버릭에서 약 10킬로미터 떨어진 국경 지역의 요새인 노햄Norham 성에 살았습니다. 그녀의 남편 리차드가 그곳의 지휘관이었으며, 보우스 가문은 북쪽 지역에서 가장 영향력 있는 가문 가운데 하나였습니다.

그들에게는 마조리라는 십 대의 딸이 있었습니다. 그녀는 1552, 1553년에 녹스의 약혼녀가 되었습니다. 그런데 녹스는 북쪽이 더 안전하다고 생각하고서 그녀를 그곳에 남겨 두었습니다. 그러다가 녹스가 목숨을 부지하기 위해 다급히 도망쳐야 했기 때문에 그녀에게로 돌아갈 수가 없게 되고 말았습니다. 그는 도망자 신세가 된 자신의 처지를 몹시 괴로워했습니다. 녹스는 이렇게 말합니다. "이 싸움의 초기에는 비록 나약하고 겁이 많은 군인처럼 행동했을지라도 나중에는 다시 싸움에 복귀할 수 있기를 기도한다."

그 후 몇 년 동안 녹스는 디에프와 프랑크푸르트와 제네바를 비롯해 여러 곳을 전전했습니다. 갤리선에서 노예로 있는 동안 그는 하나님이 죽기 전에 다시 세인트앤드루스에서 말씀을 전하게 해 주실 것이라고 확신했습니다. 그리고 1556년에 잠시 위험을 무릅쓰고 고국을 방문했지만, 그의 희망은 좌절되었습니다. 그는 유럽으로 다시 돌아왔고, 제네바의 잉글랜드인 교회를 일터이자 보금자리로 삼아야 했습니다.

12년 동안의 힘든 망명 생활이 마침내 1559년에 끝이 났습니다. 메리 튜더가 죽고, 잉글랜드에서 개신교 신앙이 공식적으로 회복되었습니다. 싸움을 위한 녹스의 준비 과정이 그것으로 마무리되었습니다.

지도자로서의 준비

녹스는 지도자로서 준비되는 과정을 거치는 동안 많은 교훈을 얻었습니다. 그중에서 특히 세 가지가 눈에 띕니다.

첫째, 녹스는 기도의 사람이 되었습니다. 인간에게는 본질상 기도, 곧 '하나님과의 진지하고도 친밀한 대화'를 나눌 수 있는 능력이 없습니다. 고난을 통해 영혼이 정화되어 우리의 무기력함을 깨달을 때 비로소 기도하는 법을 배울 수 있습니다. "연약한 데서 강하게 된다"(히 11:34 참고)라는 것이 성경의 원리입니다.

"환난 날에 나를 부르라"(시 50:15)라는 말씀은 녹스에게 특별한 의미를 지닌 약속이 되었습니다. 1554년에 잉글랜드에서 메리의 박해가 시작되었을 때, 그는 "참된 기도는 무엇인가? 우리는 어떻게 기도해야 하는가? 우리는 무엇을 위해 기도해야 하는가?"라는 문제에 대해 처음으로 글을 썼습니다.[15]

또한 그는 물 위를 건너 예수님이 계신 곳으로 다가가게 해 달라고 기도한 베드로 사도가 물속에 빠지게 된 이유는 "자신의 힘을 믿는 헛된 신뢰와 교만 때문이었다"라고 말했습니다. 그러고는 "그런 태도가 교정되고 개선되지 않았다면 베드로는 결코 그리스도의 양 떼를 먹이기에 합당하고 적합한 일꾼이 되지 못했을 것이다"라고 덧붙였습니다.[16] 이것은 녹스가

---

15) Laing, *Knox*, vol.3, p.83.
16) Ibid., vol.3, p.316.

경험을 통해 깨달은 교훈이 틀림없습니다. 그는 자신이 기도에 관해 많은 글을 쓴 이유를 이렇게 설명합니다.

"그것은 내가 고난이라는 무거운 십자가를 감당하는 동안, 즉 보호막은 아무것도 없고 오로지 눈앞에 죽음만이 이르렀던 상황을 거치는 동안 영혼과 육신의 싸움이 얼마나 치열한지를 깨달았기 때문이다. 육신은 못마땅해하면서 계속 불평을 늘어놓고……하나님의 모든 약속을 의심하며 언제라도 그분에게서 등을 돌릴 준비를 하고 있다. 오직 믿음만이 그런 약속에 의지해 하나님의 성령의 도우심을 진지하게 간구하도록 이끈다. 그렇게 열심히 기도하면 가장 큰 불행도 기쁨으로 변하고, 결국 형통한 결과로 이어진다. 오, 주님, 경험을 통해 이런 말을 하고 이런 글을 쓰오니 오직 주님만이 찬양을 받으소서."[17]

녹스를 어떻게 생각하든지 그가 기도의 사람이었다는 사실을 부인할 수는 없을 것입니다. 심지어 그가 노예로 일했던 프랑스 갤리선의 선장조차도 사나운 폭풍우가 불어 닥치자 그에게 목숨을 구할 수 있도록 기도해 달라고 부탁했다고 합니다.[18] 만일 그가 하나님을 의지하는 법을 배우지 못했다면, 그

---

17) Ibid., vol.3. p.102.

의 미래 사역은 불가능했을 것입니다.

둘째, 녹스는 오랜 망명 생활을 통해 국제적으로 유명해졌습니다. 그가 줄곧 스코틀랜드에만 머물렀더라면 일부 동시대 인물들처럼 교구에만 매여 살았을 것입니다. 따라서 그가 고향을 떠나 잉글랜드 사람들 틈에서 많은 시간을 보낸 것은 하나님의 계획이었습니다.

과거 그의 조상들이 적으로 여겨 싸웠던 사람들과의 반목이 그리스도 안에서 해소되었습니다. 그는 개신교 신앙이 스코틀랜드와 잉글랜드를 하나로 묶게 될 것을 내다보았고, 또 그 바람을 이루기 위해 일평생 노력했습니다. 참으로 그는 시대를 앞서 간 인물입니다. 그는 "오, 주님! 잉글랜드 왕국 및 그 민족과 절대 싸우지 않게 도우소서"라고 기도했습니다.[19]

그는 잉글랜드 여자와 결혼했고, 스코틀랜드어보다는 영어를 사용했습니다. 그가 1556년에 스코틀랜드를 잠시 방문했을 때, 한 설교자가 에어셔Ayrshire에 나타났다는 소문이 퍼졌습니다. 어떤 사람들은 그의 억양을 듣고서 그를 잉글랜드 사람으로 여겼습니다. 그러나 한 성직자가 그를 알아보고는 "아

---

18) 녹스와 동시대 사람인 가톨릭 저술가 두 사람이 증언한 내용입니다. Guthrie, *Knox*, p.96n.
19) *The Liturgy of John Knox*(Glasgow: Morison, 1886), p.125.

니오. 그는 잉글랜드 사람이 아니라 그 무뢰배, 녹스일 것이오"라고 말했습니다.[20]

셋째, 녹스는 망명 생활을 하는 동안, 특히 제네바에서 마지막 몇 년을 지내는 동안 그의 사상을 지배했던 종교개혁의 주요 원리를 더욱 깊이 이해하게 되었습니다. 그 원리를 간단히 정리해 보겠습니다.

① 우리는 하나님의 영광을 위해 존재합니다. 따라서 하나님의 영광을 구하는 열정이야말로 참된 경건의 본질입니다. 그와 반대로 하나님을 멸시하거나 그분의 위엄에 도전하는 것은 인간의 어둡고 부패한 본성을 여지없이 드러내는 행위입니다. 녹스는 이런 확신을 가지고 있었기 때문에 로마 가톨릭교회에 대해 반감을 느꼈습니다. 그는 로마 가톨릭교회를 오직 하나님께만 속한 것을 사람과 우상에게 돌리는 종교 체계로 파악했습니다. 그리고 "미사는 성례의 본질을 오해한 실수가 아니라 우상 숭배이다"라고 역설했습니다. 그들이 떡이 그리스도의 몸으로 변한다고 주장했기 때문입니다.

② 기독교인은 어떤 희생을 치르든, 또 어떤 결과를 받게 되든 하나님의 말씀에 전적으로 복종해야 합니다. 좀 더 구체적

---

20) Laing, *Knox*, vol.4, p.439.

으로 말해, 성경에 없는 것이 교회 안에 있다면, 그것은 모두 불법입니다. 녹스는 나중에 엘리자베스 여왕에게 이렇게 말했습니다. "비록 세상에 있는 사람들이 모두 똑같이 옳다고 주장하더라도, 하나님이 (그 영원한 말씀으로) 인정하시는 것만이 모두 인정될 것이며, 그분이 단죄하시는 것은 모두 단죄될 것입니다."[21]

③ 참교회와 거짓 교회는 이렇게 구별할 수 있습니다. 즉, 참교회는 그리스도를 머리로 섬기고, 그분의 음성을 듣고, 낯선 사람이 아니라 오직 그분만을 따릅니다. 또한 참교회는 권징을 충실히 집행함으로써 교인들의 잘못된 행위로 인해 하나님께 누가 되지 않게 하고, 악이 선에 영향을 미치지 못하게 하며, 잘못을 뉘우친 사람을 다시 회복하게 한다는 점에서 세상과 구별됩니다.[22]

성공과 갈등(1559-1572년)

녹스는 1559년 5월 2일에 마침내 스코틀랜드로 돌아왔습

---

21) Ibid., vol.6. p.49.
22) Ibid., vol.4. p.204.

니다. 바로 그날, 도미니크회 수도원에서 로마 가톨릭 주교들과 사제들이 모여 교회의 개혁을 논의했습니다. 다음은 그들이 내린 결정문의 일부입니다.

"사제가 아닌 사람은 교회의 급료를 받을 수 없다. 사제가 간음을 저지르다 발각되면 처음에는 급료의 3분의 1을 삭감할 것이다. 아무도 자신의 아들을 유급 성직자로 세울 수 없다."

그러는 동안 스코틀랜드의 다른 한편에서는 그와 전혀 성격이 다른 개혁이 진행되고 있었습니다. 그 종교개혁은 두 가지 특별한 특징을 드러냈습니다. 첫째, 그것은 박해가 가해지는 동안 은밀하게 지속된 영적 운동이었습니다. 틴데일의 신약성경이 금서목록에 올랐지만 사람들은 여전히 그것을 읽고 있었습니다. 녹스는 이렇게 말했습니다. "하나님을 아는 지식이 성경 읽기와 형제애가 넘치는 모임을 통해 이곳에서 놀라울 정도로 확대되었다. 성경 읽기와 그런 모임은 그 위험한 시절에 많은 사람에게 큰 위로가 되었다."[23]

신자들의 모임이 가정이나 들판에서 숨겨진 교회, 즉 '비밀교회privy kirks'의 형태로 이루어졌습니다. 죽음을 무릅쓰고 로

---

23) Ibid., vol.1, p.61.

마 가톨릭 신앙을 버린 사람들이 얼마나 많은지는 알 길이 없지만, 그들이 종교 당국자들에게 경각심을 심어 준 것을 볼 때 여러 곳에 적지 않은 사람들이 있었던 것으로 추정됩니다. 비밀 집회를 밀고하는 사람에게는 보상이 주어졌습니다.

1554년, 해밀턴 대주교는 교황에게 "글래스고 관구의 교구민 가운데 많은 사람들이 이단에 오염되었다"라고 보고했습니다. 당시의 가톨릭 저술가 존 레슬리John Leslie는 "개신교의 설교가 벽난로 구석이나 비밀스런 구덩이, 사적인 장소 등에서 전파되어 온 나라를 괴롭히고 있다"라고 말했습니다.[24] 자유가 허락되고 나서 교구 교회들이 그토록 신속하게 형성될 수 있었던 것은 바로 그런 '비밀 교회'가 전부터 존재했기 때문입니다.

스코틀랜드의 종교개혁이 자유를 쟁취하는 데 기여한 또 하나의 특징은 그것이 군사적인 혁명이었다는 것입니다. 그것을 '혁명'으로 일컫는 것이 정당한지 아닌지, 즉 그것이 절대군주제의 압제에 항거한 민중 혁명이었는지에 대해서는 오랫

---

[24] 앞의 인용문과 이 인용문은 모두 제임스 커크의 책에서 발췌하였습니다. James Kirk, "The 'Privy Kirks' and Their Antecedents: The Hidden Face of Scottish Protestantism," *Patterns of Reform: Continuity and Change in the Reformation Kirk* (Edinburgh: T.&T. Clark, 1989).

동안 논쟁이 있어 왔습니다. 아무튼 (종종 왕들과 불화를 일으킨) 스코틀랜드 귀족들은 통치에 참여할 수 있는 합법적인 권리를 가지고 있었으며, 스코틀랜드의 여왕 메리가 다시 돌아올 때까지 군주는 없이 단지 섭정 여왕만 존재했습니다. 그리고 1559년에 녹스가 돌아오기 전 이미 스코틀랜드의 귀족들과 지주들은 '서쪽의 신사들(녹스는 스코틀랜드 남서쪽의 영주들을 이렇게 일컬었습니다)'의 후원 아래 서로 힘을 합쳐 '복음을 고백하는 사람들'에 대한 박해에 저항하는 한편, 프랑스의 지배에 대항하는 애국적인 투쟁을 전개했습니다.

이들 '회중의 영주(복음주의자들의 수호자)'들은 무장봉기를 일으켜 기스의 메리에게 대항했습니다. 그리하여 양측의 군대, 곧 한편 기존의 세력과 가톨릭 신앙을 지지하는 스코틀랜드인들과 프랑스인들이 연합한 군대와, 또 한편 변화를 원하는 귀족들을 중심으로 뭉친 스코틀랜드인들의 군대가 서로 맞서게 되었습니다.

회중의 영주들을 이끄는 영적 지도자는 녹스였습니다. 그는 잉글랜드와의 인맥을 총동원하여 그쪽으로부터 야전 생활을 하는 군인들의 보수를 해결할 자금을 비롯해 필요한 원조를 받아 냈습니다.

1559년 내내 이 투쟁의 결과가 어떻게 될지 매우 불확실했습니다. 11월에 프랑스 군대가 에든버러를 장악했을 때는 개신교 군대가 크게 패하는 듯했습니다. 회중의 영주들은 혼비백산하여 스털링으로 퇴각했고, 녹스는 사기가 떨어진 군대를 설교로 다독거려야 했습니다.

그런 일이 있고 나서 얼마 지나지 않아 잉글랜드에 도움을 요청한 일이 결실을 맺어 1560년에 군사적 지원이 이루어졌습니다. 오랫동안 수없이 싸움을 벌인 잉글랜드와 스코틀랜드가 어깨를 나란히 하고 프랑스 군대에 맞서는 새로운 역사가 이루어졌습니다. 영적인 힘과 군사적인 힘의 결합은 역사의 진로를 바꾸는 계기가 되었습니다. 기스의 메리가 죽고, 프랑스 군대는 에든버러 조약을 맺고 스코틀랜드에서 철수하는 데 동의했습니다.

개신교가 승리를 거두었고, 1560년에 스코틀랜드의 의회가 소집된 자리에서 녹스와 몇몇 동료들이 작성한 신앙고백서가 인준되었습니다. 그리고 그때부터 로마 가톨릭의 관습과 가르침이 일체 금지되었습니다. '비밀 교회'들이 옛 교구 교회들을 대체하였고, 하루아침에 복음을 고백하는 신자들로 구성된 회중이 새로운 민족 교회로 부상했습니다.

겉으로 보기에는 이것은 압도적인 승리였습니다. 그러나 속사정은 조금 달랐습니다. 녹스의 싸움은 끝나지 않았습니다. 그는 오직 죽음만이 구원의 길인 것처럼 생각될 정도로 심한 싸움을 12년 동안이나 치러야 했습니다. 스코틀랜드의 여왕 메리가 1561년에 다시 돌아와 군주로 복귀한 것입니다. 그녀는 에든버러의 홀리루드 궁전을 거처로 삼았습니다. 그녀는 외교와 정치 술수에 능했으며, 그녀의 복귀로 인해 녹스를 지지하는 연합 세력이 즉시 흔들리기 시작했습니다. 개신교 신앙을 고백했던 힘 있는 귀족들 가운데 상당수가 그녀가 궁전에서 미사를 행하고 가톨릭 신앙의 관습을 지키는 것에 대해 무방하다고 주장했습니다.

녹스는 새로운 상황에 실망을 느끼고서 런던에 있는 친구 앤 로크에게 1561년 10월 2일에 편지를 보냈습니다. 편지의 내용을 살펴봅시다.

"미사를 철저히 반대한다고 스스로 고백했던 사람들이 다시 그 가증한 우상을 허용하려고 하고 있습니다. 그리고 그 바람에 느닷없는 재앙이 몰아닥칠 위험이 시시각각 커지고 있습니다. 이 비참한 마음이 그런 새로운 슬픔으로 모진 고통을 당하기 전에 이 땅 위의 장막에서 벗어나고 싶습니다……당신이나 혹시 다른 누구라도 나나 다른 설교자들이 그런 반목을 해결할 수 있으리라고 생각한다면, 그것은 큰 착각일 것입니다. 왜냐하면 지금까지 양심껏 모든 노력을 다 기울였지만 조금도 변하지 않았기 때문입니다……우리의 귀족들은 (이렇게 말하자니 마음이 몹시 서글픕니다) 하나님을 편안하고 쉽게 섬길 방도를 찾기 시작했습니다……사람들에게 요한복음을 거의 다 설교하고, 이제 단 한 장을 남겨 놓고 있습니다. 이 비참한 나의 생애도 그처럼 어서 끝이 났으면 좋겠다는 생각이 종종 듭니다."[25]

1560년의 밝았던 전망이 이미 어두워져 가고 있었습니다. 녹스는 그 후 6년 동안 메리 여왕을 비롯하여 그녀의 지지자들과 끊임없이 싸워야 했습니다. 유스태스 퍼시는 그가 남긴 유명한 녹스 전기에서 1562년에서 1565년까지의 상황을 이렇게 묘사합니다.

"홀리루드는 가장무도회와 음악과 춤으로 좋은 세월을 구가하며 즐거워했다. 그러나 녹스의 심정은 전혀 달랐다. 도처에서 칼빈의 개혁이 수포로 돌아가기 직전이었다. 스코틀랜드는 온통 엉망진창이었다. 교회에는 성직자가 없었고, 있는

---

25) Laing, *Knox*, vol.6, p.130.

성직자들마저 급료를 받지 못했으며, 도처에 '탐욕과 가난한 사람들에 대한 압제와 부절제와 광란한 방종'이 난무했다."26)

존 녹스와 그의 지지자들은 1560년에 개혁교회를 위한 치리서를 작성했지만, 앞날에 대한 전망은 매우 어두웠습니다. 의회가 그 치리서를 인준하지 않을 가능성이 높았기 때문입니다. 교회가 속된 사람들을 위한 피신처가 되지 않는 것이 미래의 비전이었지만, 형식적으로만 개신교 신앙을 고백할 뿐인 많은 성직자들은 그런 비전을 제시하지 못했습니다. 스코틀랜드의 종교개혁을 다룬 한 역사가는 이렇게 말합니다.

"1560년에 제안된 바 기존의 성직자를 사역에서 배제하자는 안건은 한갓 공허한 위협에 지나지 않았다……개혁교회의 성직자 중 절반 이상이 종교개혁 이전에 성직을 수행했던 사람들 가운데서 발탁되었다."27)

그들 가운데는 더러 진정한 마음의 변화를 경험한 사람들도 있었지만, 다른 사람들은 녹스의 표현대로 '혈과 육을 자신의

---

26) Eustace Percy, *John Knox*(London: Hodder and Stoughton, n.d. 1934), p.385. 이런 묘사와는 달리 좀 더 밝은 측면도 있었습니다. 당시 종교개혁자들은 교구 교회 가운데 약 4분의 1에 달하는 곳에 성직자를 배치할 수 있었던 것으로 보입니다. 다음 자료를 참고하십시오. James Kirk, *Patterns of Reform*, p.130.
27) Gordon Donaldson, *The Scottish Reformation*(Cambridge: University Press, 1960), p.85.

하나님으로' 삼은 사람들의 부류에 속했습니다.[28]

녹스의 굳센 결의와 용기가 없었다면, 종교개혁은 물거품이 되고 말았을 것입니다. 여왕은 녹스의 입을 막으려고 애쓰다가 제 꾀에 넘어가고 말았습니다. 그녀는 남편인 단리Darnley 경에게 싫증이 난 나머지 그의 암살을 공모한 뒤 남편을 살해한 보스웰 백작과 결혼했습니다. 그로 인해 개신교 군대가 다시 한 번 무기를 들었습니다. 1568년에 메리 여왕의 군대가 패배했고, 그녀는 잉글랜드로 도망쳤지만 결국 그곳에서 처형되었습니다.

그 바람에 고작 두 살밖에 되지 않은 갓난아이 제임스 6세가 군주가 되어야 했습니다(그는 나중에 잉글랜드의 제임스 1세가 됩니다). 그는 가톨릭 의식에 따라 세례를 받았지만, 개신교 신자들은 그에게 미래의 희망을 걸었습니다. 그는 개신교의 손안에서 교육을 받았습니다. 그러는 동안 개신교 신자인 모레이 백작이 섭정 왕으로 임명되었습니다.

그러나 반대 세력이 모두 사라진 것은 아니었습니다. 많은

---

28) 종교개혁에는 영적인 요소는 물론 그 외에 다른 요소들이 매우 혼란스럽게 뒤섞여 있었습니다. 사람들에게 복음을 전해 개신교 신앙을 갖게 만들려는 동기 외에도 많은 동기가 있었습니다. 특히 귀족들은 손만 뻗으면 교회의 엄청난 토지와 재산을 차지할 수 있었습니다. 녹스는 이런 사실을 잘 알고 있었습니다.

사람들이 여전히 옛 종교를 신봉했으며, 메리 여왕을 지지했던 세력이 버젓이 에든버러 성을 장악하고 있었습니다. 그 성에서 녹스가 있는 세인트자일스교회당까지는 대포를 쏘면 닿을 만한 거리였습니다. 그러다가 1570년에 모레이 백작이 암살되었고, 그 이듬해에는 에든버러의 상황이 몹시 불안정해져 녹스는 어쩔 수 없이 가족들과 함께 세인트앤드루스로 가야 했습니다. 그곳에서도 대학 측의 대부분의 사람들이 녹스와 그의 설교를 줄곧 반대했다고 합니다.[29] 녹스는 다음과 같이 말하지 않을 수 없었습니다.

"무엇보다 교회가 대학에 종속되지 않도록 하라. 그리스도 안에서 그들의 학교를 평화롭게 다스리고 운영하는 데 힘을 기울일 뿐, 강단을 그들의 판단에 예속시키지 않도록 주의하라."[30]

녹스가 에든버러에 돌아와 임종을 맞이한 1572년에도 스코틀랜드의 귀족들 가운데 많은 사람들이 여전히 그를 반대했습니다. 과거의 동지들이 그에게서 등을 돌렸습니다. 메리 여왕을 위해 에든버러 성을 사수했던 그레인지의 커크콜디Kirk-

---

29) Hume Brown, *Knox*, vol.2, p.277.
30) Laing, *Knox*, vol.6, p.619.

caldy도 그중 한 사람이었습니다. 녹스는 스코틀랜드 전역에 복음이 전해지는 것에 감사했지만, 민족 전체가 하나님께로 돌아왔다고 생각하지는 않았습니다. 마지막에 기록된 그의 기도 가운데 하나를 인용하겠습니다. "저희에게 자비를 베푸소서. 사탄이 이곳에 있는 적은 무리를 지배하도록 놔두지 마옵소서."[31] 형식상으로 볼 때 로마 가톨릭교회는 분명히 전복되었습니다. 그러나 민족 교회가 설립되어 참된 개혁과 복음화가 이루어지는 결과가 나타나기까지는 여전히 갈 길이 멀었습니다.

인간으로서의 녹스

이제 한 인간으로서의 녹스에 대해 살펴보겠습니다. 그와 동시대를 산 사람들의 증언에 따르면, 그는 보통 사람들보다 키가 조금 작고 어깨는 넓었으며, 안색은 불그레하고 머리는 검은색이며, 수염이 한 뼘 반 정도의 길이였다고 합니다. 또 청회색 빛이 감도는 그의 눈 위로 앞이마가 툭 불거져 나왔고, 눈빛은 예리했으며, 얼굴에는 자연스러운 기품과 위엄이 서

---

31) Ibid., p.569.

려 있었고, 화를 낼 때에는 감히 가까이 다가갈 수 없는 기상이 느껴졌다고 합니다.

어떤 사람들은 녹스가 마치 인간 포탄처럼 융통성도 없고 자상하지도 않은 기질을 타고났다고 말하지만, 사실은 그렇지 않습니다. 오히려 그는 온건하게 행동해야 할 상황에는 기꺼이 온건하게 행동했습니다. 예를 들어, 그는 1560년대에 영국 성공회와의 분리를 주장하는 사람들에게 동조하지 않았습니다. 왜냐하면 분리의 명분이 구원과 직결되지 않는 사소한 문제였기 때문입니다. 그는 그들에게 편지를 보내 "비록 예복을 비롯해 우리와 다른 견해에 대해 동의하지 않더라도 그리스도 예수 안에 있는 구원과 교리의 핵심을 전파하는 한 그들을 모두 거짓 선지자요 이단으로 단죄해서는 안 됩니다"라고 말했습니다.[32]

윌리엄 크로프트 디킨슨은 녹스가 "편협한 증오심으로 자신의 품격을 손상시켰다"라고 비난했습니다.[33] 녹스는 무엇이든 하나님을 모욕하는 것에 대해서는 격한 분노를 쏟아냈습니다. 물론 그의 분노가 항상 옳았는지에 대해서는 얼마든

---

32) 다음 책에서 인용하였습니다. Peter Lorimer, *John Knox and the Church of England* (London: King, 1875), p.234. 여기에서 '예복'은 성직자의 옷을 둘러싼 논쟁을 뜻합니다.
33) Dickinson, *Knox's History*, vol.1, p.lxxiii.

지 의문을 제기할 수 있습니다. 그 자신도 스스로를 질타했습니다. 그는 마지막으로 출판한 저서에서 이렇게 고백합니다. "청년기와 중년기는 물론 지금 많은 싸움을 치르고 난 뒤에도 내 안에는 오로지 허영과 부패만이 존재한다."[34]

그러나 이 말을 토대로 녹스가 늘 우울한 심정을 안고 살았다고 추론해서는 안 됩니다. 그는 "하나님은 죄인들을 불쌍히 여기신다"라는 위셔트의 말대로 죄를 용서받은 데서 비롯되는 위로와 기쁨을 잘 알고 있었습니다. 그는 이렇게 말했습니다. "저의 많은 불순종이 모두 제거되었고, 저의 큰 죄가 모두 깨끗하게 되었으며, 저의 영혼이 주님의 거룩한 위엄이 깃들 수 있는 장막이 되었다고 확신합니다." 그가 온유한 심령으로 영적인 고통에 처한 사람들을 위로할 수 있었던 것도 바로 그런 확신을 지니고 있었기 때문입니다.

어떤 사람들은 그가 오로지 우레처럼 심판만을 외쳤다고 생각하지만, 그는 오히려 자신이 구세주께서 주인이 되어 베푸시는 복된 잔치를 거드는 역할을 감당했다고 말했습니다.

"나는 하나님께서 임명하신 많은 사람들 가운데 한 사람으로 (그리스도께서 떼어 주신) 떡을 받아 그분이 잔치에 부르신

---

34) Laing, *Knox*, vol.6, p.483.

사람들에게 나눠 주는 일을 맡았다……그리스도의 복 주심으로 말미암아 내가 그분의 손에서 받은 몫이 풍성해져 잔치가 진행되는 동안 굶주린 영혼이 음식을 간절히 원할 때마다 항상 나눠 줄 수 있게 되었다고 확신한다(내가 이 글을 쓰는 이유는 주님의 이름을 찬양하고, 나의 감사할 줄 모르는 태도를 질타하기 위해서이다). 나의 양심이 증언하노니, 잔치가 끝날 무렵에도 음식이 풍성하게 남아 나도 다른 사람들 틈에서 내 손으로 그것을 거두어 바구니를 가득 채웠다."[35]

녹스는 감정이 풍부한 사람이었습니다. 그는 스코틀랜드로 돌아온 첫 해의 마지막 날인 1559년 12월 31일에 세인트앤드루스에서 앤 로크에게 다음과 같은 편지를 보냈습니다.

"모세의 근심과 유혹에 관해 읽었습니다. 때로는 내가 그런 위험한 싸움을 잘 이겨 냈구나 하는 생각이 들기도 했습니다. 그러나 지금 생각해 보니 이전의 나의 삶이 헛될 뿐이라는 생각이 듭니다. 스코틀랜드에 도착한 이후에 겪은 고난스런 하루가 갤리선에서 19개월 동안 겪은 고통보다 훨씬 더 내 마음을 괴롭힙니다. 이전의 고통은 주로 육체를 괴롭혔지만, 지금의 고통은 영혼과 마음을 아프게 합니다."[36]

---

35) Ibid., vol.3, pp.268-269.

녹스가 아내와 주고받은 편지가 남아 있다면 그의 됨됨이를 좀 더 자세히 알 수 있을 텐데 그렇지 못해 아쉽습니다. 마조리 보우스와 그녀의 모친은 메리 여왕의 박해가 있는 동안 잉글랜드에서 도망쳐 제네바에 있는 녹스와 합류했습니다. 그리고 녹스가 1559년에 스코틀랜드로 돌아간 직후에 그녀도 어린 두 아들을 데리고 따라갔습니다. 그녀는 가족들을 돌볼 뿐 아니라 녹스의 비서로도 일했습니다. 그녀가 스코틀랜드에서 가정을 꾸릴 당시는 매우 혼란스러운 때였기 때문에 그녀는 날마다 밤잠을 설쳐야 했습니다. 녹스는 1559년의 마지막 날에 세인트앤드루스에서 편지를 보냈습니다. "아내가 이곳에 도착한 후로 휴식과 안정을 제대로 취하지 못한 탓에 전날 밤에 자신이 한 말도 다음 날이 되면 기억하지 못할 정도가 되고 말았습니다."[37]

마조리 녹스는 이십 대 청춘 시절부터 이미 건강이 좋지 않았습니다. 그러다가 1560년이 채 지나기도 전에 그녀는 유명을 달리했고, 녹스는 홀로 지내게 되었습니다. 칼빈은 그 소식을 듣고서 녹스에게 편지를 보내 "형제의 아내는 어디서도 흔

---

36) Ibid., vol.6, p.104.
37) Ibid., vol.6, p.104.

히 발견할 수 없는 아내였습니다"라고 애도의 뜻을 전했습니다. 제네바의 개혁자 칼빈은 크리스토퍼 굿맨Christopher Goodman에게 보낸 편지에서 이렇게 말했습니다. "우리의 형제 녹스가 그 누구보다 훌륭했던 아내를 잃게 되어 몹시 서글픕니다. 그러나 그가 그녀의 죽음을 슬퍼하지만 않고 그리스도와 교회를 위해 열심히 일하니 한편으로 매우 다행입니다."[38]

녹스는 그로부터 3년 뒤에 재혼했습니다. 그의 두 번째 아내인 마가렛 스튜어트Margaret Stewart는 자녀를 셋 낳았는데, 모두 딸이었습니다(결혼할 당시 그녀의 나이는 열일곱 살이었고, 녹스는 약 마흔아홉 살이었습니다). 세 딸 중 막내인 엘리자베스는 나중에 에어의 존 웰시와 결혼했습니다. 토마스 맥크리Thomas M'Crie는 "엘리자베스가 아버지의 정신을 상당히 많이 물려받은 것 같았다"라고 말했습니다.[39]

녹스에 대한 거짓된 비난이 많지만 그가 복음을 돈벌이 수단으로 삼았다는 비난은 하나도 없었습니다. 그는 한 번도 개인 주택을 소유하지 않았고, 셋집을 이리저리 옮겨 다녔습니

---

38) Ibid., vol.6, pp.124-125.
39) Thomas M'Crie, *Life of John Knox*(Edinburgh: Blackwood, 1873), p.294. 1811년에 처음 출판된 이 책은 녹스의 명성을 되살리는 계기가 되었습니다. 이 책은 지금도 출판되고 있습니다(Free Presbyterians Publications, Glasgow).

다. 그런 가운데 때로는 집주인에게 괴롭힘을 당하기도 했습니다. 그가 운명한 장소로 전해지는 에든버러 하이스트리트에 있는 집은 제임스 모스맨James Mossman이라는 금세공인의 소유였습니다. 그는 메리 여왕과 가톨릭 신앙을 열렬히 지지하는 사람으로, 전쟁 당시 에든버러 성에 도피해 있었습니다. 녹스의 마지막 유언장에 기록된 바에 따르면, 그의 개인 서재의 가치는 130파운드 정도였으며, 다른 가재도구의 가치는 고작 30파운드 정도였습니다. 흄 브라운Hume Brown은 메리 여왕이 그녀의 비서 데이비드 리치오David Rizzio에게 그의 방을 수리하라고 하면서 200파운드를 건네주었다는 사실을 들어 녹스가 남긴 유산의 가치를 실감할 수 있게 했습니다.[40]

녹스가 주는 교훈

상황에 따른 융통성 있는 개혁

오늘날의 교회 상황을 보면, 우리는 녹스에게는 없었던 많은 이점을 지니고 있습니다. 녹스와는 달리 우리는 좋은 전통

---

40) Hume Brown, *Knox*, vol.2, pp.315-316n. 재스퍼 리들리는 1968년의 가치로 환산해 볼 때 녹스가 약 45,000파운드의 유산을 남겼고, 그중에서 25,000파운드가 빚이었다고 말했습니다. 그러나 녹스의 유산을 리들리가 환산한 액수로 보기는 어렵습니다.

들을 많이 계승하였습니다. 16세기의 종교개혁자들은 의지할 전통이 거의 없었습니다. 그들은 기존의 틀을 깨뜨리고 새로운 틀로 그 자리를 메워야 했습니다.

몇몇 나라에 그와 비슷한 과정을 거쳐야 할 교회들도 더러 있지만, 영국의 경우는 거의 500년에 달하는 개신교 역사를 지니고 있습니다. 그런데 이런 전통은 한편으로 이점으로 작용하지만 다른 한편으로 오히려 위험할 수도 있습니다. 즉, 전통을 보존하는 데 급급한 나머지 교회의 삶에 꼭 필요한 개혁을 자유롭고도 융통성 있게 추진하지 못할 가능성이 있습니다. 또한 전통을 무시하는 요즘 사회의 분위기 때문에 또 다른 극단에 치우쳐 오랫동안 지켜 온 관습을 빠짐없이 보존해야 한다는 생각에 빠질 위험도 있습니다.

사람들은 종종 녹스를 교회의 삶에 새롭고도 혁신적인 사고를 도입한 인물로 생각하지 않습니다. 구원의 문제가 걸린 중요한 진리만을 고려한다면, 그런 생각도 결코 틀리지는 않습니다. 그러나 시대 상황에 맞춰 우리의 계획이나 조직을 변경하는 것이 타당한 경우도 있습니다. 녹스도 여러 번 그런 일을 시도했습니다. 그는 이른바 '성경의 규정 원리'가 교회의 모든 것을 결정한다는 주장을 내세워 모든 것을 포괄하는 하나의 영구적인 청사진만이 존재한다고 강조하지 않았습니다.

성찬을 얼마나 자주 시행해야 하느냐 하는 문제가 대표적인 예입니다. 성경은 성찬의 횟수를 정확하게 명시하지 않습니다. 제네바교회는 한 달에 한 번으로 정했습니다. 한편 1560년에 녹스와 그의 형제들은 "우리는 일 년에 네 번이면 충분하다고 생각한다"라고 말했습니다. 왜 이렇게 차이가 나는 것일까요? 그 이유는 성경의 원리에 대해 서로 견해가 달랐기 때문이라기보다는, "가능한 한 이 시대의 미신을 억제해야 한다"라는 말에서 알 수 있듯이 당시 상황을 고려했기 때문입니다.[41] 물론 이런 문제를 편의에 따리 결정할 수 있는지 의문을 제기할 수도 있습니다.

스코틀랜드 종교개혁의 유연한 입장을 좀 더 확실하게 보여주는 사례들은 그 외에도 많습니다. 한 가지 예를 들면, "장로도 아니고 목회자도 아닌 평신도가 교회 안에서 어떤 역할을 해야 하는가? 평신도에게 예배에 참석하는 일 외에 다른 역할을 기대할 수 있는가?"와 같은 문제입니다. 스코틀랜드의 영

---

41) Laing, *Knox*, vol.2, p.239. 1562년 총회는 시골 지역의 교회의 경우 일 년에 두 번이 적합하다고 판단했습니다. 이에 대해 18세기 복음주의 지도자 존 어스킨(John Erskine)이 항의한 것을 비롯해 성찬의 횟수에 대해 여러 가지 불만이 제기되었지만, 일부 스코틀랜드 교회에서는 지금도 여전히 그 전통을 고수하고 있습니다. John Erskine, "On Frequent Communicating," *Theological Dissertations*(Edinburgh, 1806), pp.267-339.

적 개혁을 이끈 '비밀 교회'는 얼마든지 그럴 수 있다고 생각했습니다. 숨어서 복음을 전파해야 했던 당시에는 '성직자'가 아니라 상인, 제빵업자, 정육업자, 엿기름 제조업자 등과 같은 사람들이 목숨을 잃을지도 모르는 상황 가운데 서로에게 성경을 읽어 주며 마음에서 우러나오는 말과 권고를 주고받았습니다.

1559년 이후 정식으로 교회가 설립되었을 때에도 그런 관습은 모두 없애 버리기에는 너무나 소중한 유산이 아닐 수 없었습니다. 그래서 1560년의 치리서에서 '낭독자'로 불리는 사람들이 계속 교회에서 그런 임무를 담당했습니다. 녹스 저서의 편집자인 데이비드 랭David Laing은 이렇게 말합니다. "성경과 공동기도문을 자유롭게 읽고, 자격을 인정받은 경우에는 읽은 성경을 설명하고 교인들을 권고하는 것이 그들의 임무였다. 거기에서 '권위자勸慰者'라는 명칭이 유래했다."[42]

뿐만 아니라 마을마다 일주일에 한 번씩 치리서를 펼쳐놓고 고린도전서 14장이 묘사하는 바와 비슷한 모임을 가져야 했습니다. 그리고 그 모임에서는 다음과 같은 일이 이루어져야 했습니다. "모든 사람이 교회의 위로와 건덕을 위해 자유롭게

---

42) Laing, *Knox*, vol.6, p.386.

자신의 생각과 지식을 말해야 한다……우리는 이런 활동이 오늘날 스코틀랜드에 있는 하나님의 교회에 가장 필요한 일이라고 생각한다. 왜냐하면 교회는 그것으로 자신의 몸을 구성하는 모든 사람의 은사와 재능과 말을 파악하고 판단해야 하기 때문이다."

덕을 세우는 데 필요한 모임의 규칙도 마련되었습니다. 그 규칙에 따르면 '악담'은 절대 해서는 안 되고, '권고나 권면'은 간결해야 했습니다. 그런 활동은 "기독교인은 하나님의 은사와 영적 은혜를 형제들과 기꺼이 함께 나누어야 한다……왜냐하면 하나님의 교회 안에서는 그 누구도 자신만을 기쁘게 하는 삶을 살아서는 안 되기 때문이다"라는 원리에 근거를 두고 있습니다.[43]

성경은 설교자의 직임을 맡는 과정에 대해 아무런 규정도 제시하지 않습니다. 종교개혁자들은 낭독자와 권위자의 직임을 비롯해 '주간 의식'(그들의 표현을 빌리자면 '예언')을 각 사

---

43) Ibid., vol.2, pp.142-145. 말씀 사역자라는 직임을 강조하는 것은 종종 '성직권주의'라는 왜곡된 결과를 낳았습니다. 조지 길레스피(George Gillespie)는 1640년대에 그런 폐단을 강력히 규탄했습니다. 그는 "사역자에게 주어지는 성직자라는 명칭은 교만과 허영으로 가득 차 있고, 하나님의 거룩한 백성을 조롱거리로 만들었다"라고 말했습니다. Assertion of the Government of the Church of Scotland, p.9, in The Presbyterian's Armoury, vol.1, Works of George Gillespie(Edinburgh: Ogle, Oliver and Boyd, 1846).

람의 은사를 입증하는 귀중한 수단으로 간주했습니다. 종교개혁자들은 일정한 훈련을 거쳐 사역자의 자격을 획득하는 것이 그 사람의 은사를 입증하는 참된 증거라고는 생각하지 않았습니다.

모든 사람이 말할 수 있는 모임의 필요성을 강조한 녹스의 견해는 치리서에만 나타나는 것이 아닙니다. 그는 1556년 7월에 스코틀랜드의 형제들에게 보낸 '유익한 권고의 편지'에서도 똑같이 말했습니다. 그는 그곳에서 그런 모임을 염두에 두고서 이렇게 말했습니다. "어떤 형제든 권고의 말이나 질문, 또는 의문이 있을 때는 거리낌 없이 말하고 솔직히 털어놓게 해야 합니다. 그런 일을 절도 있게 하면 자신의 덕을 세우거나 다른 사람들의 덕을 세울 수 있습니다."[44]

녹스가 혁신을 수용한 증거는 비단 이것만이 아닙니다. 그는 감독을 임명하고 그들에게 기꺼이 자신의 권위를 일임했습니다. 그런 그의 행동이 규정 원리를 저버리는 것이었을까요? 그렇지 않습니다. 감독들은 단지 사역자일 뿐이었습니다. 그들은 그 이상의 직임을 맡지 않았습니다. 그러나 당시는 여기저기에 설교자가 필요했지만 능력을 갖춘 사람이 거의 없

---

[44] Laing, *Knox*, vol. 4, p. 138.

었기 때문에 몇몇 형제들을 보내 여러 곳을 순회하면서 교회를 새로 개척하고, 기존의 교회를 돕게 하였습니다. 그런 혁신은 명백한 성경적 증거는 없지만 당시 그들이 직면한 상황을 극복하는 데는 적절했습니다. 감독들은 어떤 점에서는 그로부터 200년 후에 감리교에서 효과적으로 운영된 순회 설교자와 비슷합니다.

녹스와 치리서는 복음의 진보가 이루어지기 위해서는 때때로 혁신적인 생각이 필요하다는 교훈을 전합니다. 오늘날의 교회에도 그런 생각이 필요합니다. 전통이라고 해서 다 똑같은 가치를 지니고 있지는 않습니다. 오늘날 스코틀랜드에서도 제도화된 교회가 종교개혁 이전의 로마 가톨릭교회와 마찬가지로 사람들의 빈축을 사고 있습니다. 예배당은 많은데 찾아오는 사람들은 별로 없습니다.

스코틀랜드의 종교개혁자들은 복음의 진리를 전할 때 좀 더 유연한 태도가 필요하다고 가르칩니다. 유연한 태도를 취해야 하는 이유는 교회가 선교기지로서의 역할을 충분히 감당하기 위해서입니다.

위로와 격려의 사역

녹스의 말과 글에서 거듭 확인되는 사실이 무엇이냐고 묻고 그 대답을 듣는다면, 아마도 조금 놀라게 될 것입니다. 그는 때로 매우 냉혹하고 극단적이었던 것 같습니다. 그가 혹독한 박해의 시절을 보냈다는 점을 고려한다면, 설령 그의 사역에 그런 요소들이 영향을 미쳤다고 하더라도 충분히 이해할 만합니다.

그러나 그의 기본적인 태도는 전혀 달랐습니다. 그가 초창기에 쓴 글을 보면 '위로와 격려의 사역'에 많은 노력을 기울였음을 알 수 있습니다. 그가 장모에게 보낸 많은 편지가 이 점을 분명히 입증합니다. 그는 선택과 칭의의 교리를 신자들이 크게 기뻐해야 할 진리라고 생각했습니다. 그는 보우스 부인에게 보낸 편지에서 이렇게 말합니다. "장모님이 불완전하다고 해서 그것 때문에 정죄를 당하는 일은 결코 없습니다. 왜냐하면 그리스도의 완전하심이 믿음을 통해 장모님의 것이 되었기 때문입니다. 장모님은 그리스도의 보혈을 통해 완전해졌습니다."[45]

"하나님께서 자신의 독생자를 통해 이미 우리의 죗값을 모

---

45) Ibid., vol.6, p.519.

두 받으셨으므로 하나님의 정의는 더 이상 우리에게 무언가를 요구하거나 받아 낼 수 없습니다. 다시 말해, 우리의 죗값을 치르기 위해 그 밖의 보상이나 배상이 더 필요 없습니다."[46]

그는 메리 튜더의 통치 기간에 고난과 죽음에 직면한 신자들에게 보낸 편지에서 그들의 상황을 갈릴리 호수에서 풍랑을 만난 제자들의 상황에 빗대었습니다. 그는 이렇게 말합니다. "믿음의 견고한 토대를 버리지 마십시오. 비록 예수 그리스도께서 (제자들이 큰 풍랑을 만났을 때처럼) 눈앞에 보이지 않는다 하더라도 그분은 위대한 권능과 은혜로 항상 임재해 계십니다……그분은 긍휼과 자비가 풍성하십니다."[47]

그는 또 이렇게 말합니다.

"예수 그리스도를 위해 싸우는 이때 그분과 함께 굳게 서십시오. 곧 싸움이 끝나고 영원한 승리가 찾아올 것입니다. 왜냐하면 주님께서 친히 그 놀라운 권능으로 우리를 보호하실 것이기 때문입니다. 그분은 싸움이 가장 치열할 때 우리에게 승리를 안겨 주실 것입니다. 그분은 우리의 눈물을 영원한 기쁨으로 바꾸어 주실 것입니다."[48]

---

46) Ibid., vol.3, p.342.
47) Ibid., vol.3, p.287.
48) Ibid., vol.3, p.215.

능력 있는 설교

존 녹스의 삶에서 다른 무엇보다 특별히 돋보이는 특징이 하나 있습니다. 그가 살아 있는 동안 그를 지켜본 사람들의 증언을 살펴보면, 그의 한 가지 특징, 즉 그의 탁월한 설교 능력이 가장 빈번하게 언급되는 것을 알 수 있습니다. 녹스의 사역에 관해 사람들이 증언한 내용 가운데 하나가 우텐호비우스Utenhovius의 편지에서 발견됩니다. 그는 1552년 10월 12일에 런던에서 취리히에 있는 불링거Bullinger에게 편지를 보냈습니다. 그는 런던에 갑자기 낯선 설교자가 등장해 대중의 이목을 단번에 사로잡았다고 말했습니다. 그 편지의 내용을 잠시 살펴봅시다.

"노섬벌랜드 공작을 통해 궁정 목사가 된 한 경건한 설교자가 왕과 추밀원 앞에서 전한 설교 때문에 요즘 며칠 간 주교들 사이에서 적지 않은 논쟁이 벌어지고 있습니다. 그는 그 설교에서 무릎을 꿇고 성찬을 받는 관습을 조금도 거리낌 없이 비판했습니다. 잉글랜드 사람들은 지금도 그 관습을 계속 준수하고 있습니다. 그러나 스코틀랜드 국적을 지닌 이 선한 설교자는 많은 사람들의 생각을 움직였습니다. 그 덕분에 우리는 이 일을 통해 결국 교회가 유익을 얻게 되리라는 희망을 갖게

되었습니다."⁴⁹⁾

그로부터 7년 뒤인 1559년 11월 8일 수요일에 스털링에서 그런 중대한 상황이 또다시 벌어졌습니다. '회중의 영주들'이 이끄는 개신교 군대가 에든버러 외곽에서 프랑스 군대에 패해 야밤을 틈타 서둘러 철군하였습니다. 그때 여기저기에서 욕설과 야유가 터져 나왔습니다. 녹스는 당시의 상황을 이렇게 기록합니다. "우리 동포들이 우리의 멸망을 그토록 무자비하게 염원하고, 우리가 궁지에 몰린 것을 그렇게 기뻐하다니 도무지 믿어지지 않았다."

그들은 스털링까지 후퇴하여 그곳에서 다시 집결했습니다. 모두들 사기가 크게 떨어져 무기력하기 짝이 없었습니다. 그러나 한 사람만은 예외였습니다. 녹스는 그런 처참한 상황에서 "만군의 하나님 여호와여……주의 얼굴의 광채를 우리에게 비추소서. 우리가 구원을 얻으리이다"(시 80:19)라는 말씀을 본문으로 설교했습니다. 사람들은 그 후로 오랫동안 그 한 편의 설교를 통해 놀라운 역사가 일어났다고 증언했습니다. 설교를 듣던 회중은 마치 죽었다가 다시 살아난 사람들처럼 행동했다고 합니다. "한 시간에 걸친 한 사람의 목소리가 500

---

49) Hume Brown, *Knox*, vol.I. p.126.

개의 나팔이 끊임없이 우리의 귓전을 때리는 것보다 더 많은 생명을 우리에게 가져다줄 수 있다"라는 당시 잉글랜드 대사의 말은 그때의 상황을 정확하게 묘사합니다.[50]

그런 설교 중에서 너무나 유명해 빠뜨릴 수 없는 것이 하나 더 있습니다. 이미 언급한 대로, 1571년에 메리 여왕과 그녀의 측근들은 에든버러에서 권력을 휘두르고 있었습니다. 그래서 녹스는 어쩔 수 없이 13개월 동안 세인트앤드루스에 머물러야 했습니다. 당시 그곳에는 열다섯 살 된 제임스 멜빌 James Melville이라는 학생이 있었습니다. 그는 녹스가 모피로 목을 감싼 채 한 손에는 지팡이를 들고 다른 한쪽으로는 친구의 부축을 받으면서 옛 수도원에서 교회까지 걸어가는 모습을 지켜보곤 했습니다. 그때는 그가 죽음을 고작 일 년 정도 앞둔 상황이었기 때문에 몸의 기력이 거의 다한 상태였습니다. 멜빌은 자신의 자서전에서 이렇게 말합니다.

"그해(1571년)에 내가 누린 모든 복 가운데 하나는 우리 민족의 가장 유명한 선지자요 사도인 존 녹스가 세인트앤드루스에 온 것이었다……나는 그해 여름과 겨울에 그곳에서 그가 다니엘의 예언서를 가르치는 것을 들었다. 나는 펜과 수첩

---

50) A. Taylor Innes, *John Knox*(Edinburgh: Oliphant, 1896), pp.89-90.

을 가지고 내가 이해하는 한도에서 그의 가르침을 옮겨 적었다. 그는 본문을 설명하며 처음 반시간 동안은 온건하게 말씀을 전했지만, 적용에 들어가서는 펜을 쥐고 있을 수가 없을 정도로 나를 두렵고 떨리게 만들었다."[51]

멜빌의 증언을 좀 더 인용하겠습니다.

"녹스는 처음에는 부축을 받아 강단에 올라가 간신히 기대어 서야 했지만, 일단 설교를 시작한 뒤에는 다 마칠 때까지 마치 강단을 두들겨 산산조각으로 만들고, 그곳에서 뛰어 날아오르기라도 할 것처럼 활기와 박력이 넘쳤다."[52]

녹스는 어떻게 그런 설교자가 될 수 있었을까요? 물론 그는 재능을 타고났습니다. 그러나 재능이 있다고 해서 누구나 그런 인상을 남길 수 있는 것은 아닙니다. 그는 장모에게 보낸 편지에서 "제 자신만을 보면 저는 결코 훌륭한 설교자가 아닙니다"라고 말했습니다.[53]

그는 자신의 힘만으로 설교하지 않았습니다. 그는 "수많은 사람 가운데 가장 비참한 사람인 내가 증인이자 사역자요 설

---

51) *The Autobiography and Diary of Mr. James Melvill*, ed. Robert Pitcairn(Edinburgh: Wodrow Soc., 1842), p.26.
52) Ibid., p.33.
53) Laing, *Knox*, vol.3, p.378.

교자가 된 것은 하나님께서 그 기쁘신 뜻에 따라 나에게 과분한 은혜를 베풀어 주셨기 때문입니다"라고 말했습니다.

그의 권위는 '설교는 곧 하나님의 사역이요 설교의 메시지는 곧 그분의 말씀'이라는 확신에서 비롯되었습니다. 그는 성령께서 설교를 귀하게 여기신다고 확신했으며, 그 확신을 굳게 붙잡았습니다. 물론 그가 의심에 사로잡힌 적이 한 번도 없었다는 말은 아닙니다. 그러나 큰 위기가 있을 때마다 성령께서 그에게 충만히 임하셨기 때문에 그 무엇도 그를 막을 수 없었습니다. 그 결과 가장 혹독하고도 어려운 상황에서 놀라운 개혁이 이루어지는 역사가 일어났습니다.

1559년 여름, 그가 세인트앤드루스에 돌아왔을 때 주교는 다음 주일에 설교하면 권총 열두 자루로 그의 얼굴에 발포하겠다고 경고했습니다. 그의 친구들은 잠시 기다리자고 권했지만, 그는 당당히 앞으로 나가 그리스도께서 성전에서 물건을 사고파는 사람들을 내쫓으신 사건을 본문으로 말씀을 전했습니다. 데이비드 월키David Wilkie의 유명한 그림은 1559년 6월 11일 당시의 상황을 적절히 묘사하고 있습니다. 또한 당시의 결과는 신앙을 고백한 로마 가톨릭 사제들의 숫자에서도 충분히 확인할 수 있습니다.

녹스가 출판을 염두에 두고 준비한 유일한 설교도 그와 비슷한 위기 상황에서 이루어졌습니다. 설교 본문은 이사야 26장 13-21절이었으며, 1565년 8월 19일에 세인트자일스교회당에서 전해졌습니다. 그 전달에는 단리가 메리 여왕과 혼인을 한 뒤 왕으로 선포되었습니다. 단리는 자신의 형편에 맞춰 가톨릭도 믿고, 개신교도 믿는 사람이었다고 합니다. "그는 때로는 여왕과 함께 미사에 참석했고, 때로는 종교개혁자들의 설교를 들었습니다."[54]

그는 녹스가 설교하는 주일에 세인트자일스교회당에 마련된 옥좌에 앉아 그의 설교를 들었습니다. 그런데 설교에 그의 이름이 직접 언급되지는 않았지만, 그는 그 설교를 듣고 너무 화가 나 녹스를 즉시 추밀원 앞으로 송환해 왕과 여왕이 마을에 있는 동안 그가 설교하는 것을 금지했습니다. 녹스는 자신의 설교를 기억나는 대로 기록하는 것으로써 그런 폭압에 맞섰습니다. 결국 녹스의 설교만이 살아남았습니다. 그는 설교의 결론 부분에서 다음과 같은 유명한 말을 남겼습니다.

"이제 하나님 앞에서 우리를 겸손히 낮추어야 합니다. 하나님께서 성령의 능력으로 우리를 도와주시기를 마음 깊은 곳

---

54) Ibid., vol.6, p.223.

에서부터 간절히 바라야 합니다……하나님의 교회가 약해져 완전히 없어지는 것처럼 보일지라도, 우리 하나님께서 선택하신 백성의 숫자를 늘려 세상 끝까지 널리 퍼지게 만드실 수 있는 능력과 의지를 지니고 계신다는 사실을 굳게 확신합시다."

그다음에 녹스는 설교의 마지막 부분에 다음과 같은 후기를 덧붙였습니다. 이 내용도 함께 출판되었습니다.

"주님, 제 영혼을 주님의 손에 의탁합니다. 크고 끔찍한 총소리와 갑옷과 투구가 쩔그렁대는 소리가 제 마음을 날카롭게 찔러 제 영혼이 이 세상을 떠나기를 갈망하나이다(1563년 8월 31일 오후 4시, 온전하지는 않지만 기억나는 대로 충실히 기록하다)."[55]

녹스가 자신의 동포들에게 적용한 내용을 살펴보면 그가 전한 설교의 진의를 알 수 있습니다. 그는 "하나님은 소박한 사람들에게 성령을 풍성히 부어 주셨다"라고 말했습니다.[56] 녹스의 설교를 읽어 보면 말씀의 능력을 믿는 우리의 믿음이 얼마나 부족한지를 깨닫게 됩니다. 우리는 불신앙에 크게 지배

---

55) Ibid., vol.6, p.673.
56) Ibid., vol.1, p.101.

당하고 있습니다. 현대의 교회는 고린도후서 4장 13절 말씀을 되새겨야 합니다.

"기록된 바 내가 믿었으므로 말하였다 한 것같이 우리가 같은 믿음의 마음을 가졌으니 우리도 믿었으므로 또한 말하노라."

시련 가운데 나타난 하나님의 섭리

종교개혁 당시의 교회 역사는 하나님께서 역사를 어떻게 주관하시는지를 우리에게 분명하게 보여 줍니다. 그리스도께서는 교회 안에 계시며 보좌 위에 앉아 모든 사람과 사건을 섭리하고 다스리십니다. 그러나 지금처럼 과거를 되돌아볼 수 있는 시점에서는 이 사실을 믿었던 녹스의 믿음이 지극히 옳았음을 분명히 알 수 있지만, 선한 사람들이 처형되고 12년 동안이나 망명 생활을 해야 했던 당시의 혹독한 상황 가운데서 그런 믿음을 가진다는 것은 결코 쉬운 일이 아니었습니다. 그러나 분명히 하나님은 박해가 폭풍우처럼 몰아닥쳐 신자들이 뿔뿔이 흩어지는 상황을 오히려 크신 뜻을 이루는 수단으로 삼으셨습니다.

녹스가 잉글랜드에서 피난 생활을 하지 않았다면 오랫동안 반목해 온 두 나라를 하나로 통합하는 데 큰 영향을 미친 친구

관계를 형성하지 못했을 것입니다. 1559년에 녹스가 영어를 배워 잉글랜드인인 아내와 함께 스코틀랜드로 돌아왔을 때, 그의 앞에는 훨씬 넓은 세상이 펼쳐졌습니다. 또한 녹스를 비롯하여 여러 사람들이 칼빈의 도시로 망명하지 못했다면, 아마 영국은 종교개혁 이후 몇백 년 동안 가장 많이 사용된 제네바 성경을 소유하지 못했을 것입니다.

이처럼 복음은 박해를 통해 널리 퍼졌습니다. 시련은 하나님께서 자신의 백성들 가운데 국제적인 비전과 협력을 이끌어 내시는 수단이 되었습니다. 사무엘 루터포드Samuel Rutherford는 이런 역사를 정확하게 묘사하고 있습니다.

"그리스도께서는 값없이 주시는 은혜를 바탕으로 이 세상을 위해 놀라운 계획을 가지고 계신다. 그러나 그분이 인도하시는 역사의 수레바퀴는 험한 산과 바위를 넘어가야 한다. 그분은 세상에서 신부를 구하시지만, 그분의 청혼은 항상 피와 불과 황무지 속에서 이루어진다."[57]

---

57) David Hay Fleming, *Critical Reviews Relating Chiefly to Scotland*(London: Hodder and Stoughton, 1912), p.167.

마지막 기도

1572년 봄, 녹스가 세인트앤드루스에 있을 때 그의 건강이 현저히 나빠졌습니다. 그러나 그는 8월에 에든버러로 돌아와 13개월 동안 자리를 비운 세인트자일스교회당에서 다시 설교했습니다. 많은 사람들이 모였지만, 그의 음성이 너무 약해 설교를 듣기가 어려웠습니다. 그리하여 9월 21일에는 규모가 훨씬 더 작은 톨부스교회당으로 장소를 옮겨 그리스도의 십자가라는 주제로 설교하였습니다. 잉글랜드 대사는 10월 6일에 "존 녹스는 이제 혼자 서 있을 수도 없고, 음성도 청중이 전혀 알아들을 수 없을 정도로 약해졌다"라고 보고했습니다.

녹스는 9월 9일 주일에 제임스 로슨James Lawson을 자신의 후임자로 임명하는 자리에서 말씀을 전했습니다. 그것이 그가 세상을 떠나기 전에 남긴 마지막 설교였습니다. 그는 그 주 목요일에 더 이상 책을 읽을 수 없게 되었고, 금요일에는 그날이 무슨 요일인지조차 구분하지 못해 교회에 나가 그리스도의 부활에 관해 설교해야 한다고 말했습니다. 그로부터 일주일이 지나 숨쉬는 것조차 힘겨워지자 그는 관을 준비하라고 지시하였습니다. 그러고는 아직 의식이 있는 동안 다른 사람이 읽어 주는 말씀에 귀를 기울였고(특히 이사야 53장, 요한복음 17장, 에베소서), 친구들에게 작별 인사를 건넨 뒤에 간단한 유언과 기도를 남겼습니다.

"그리스도 안에서 사시오. 그리스도 안에서 사시오. 육신의 죽음을 두려워할 필요가 없다오. 주님, 주님의 교회에 충실한 목회자들을 보내 주셔서 교리의 순결이 유지되게 하옵소서."

11월 24일 월요일, 그는 일어나서 옷을 입겠다고 고집을 부렸지만 30분도 채 지나지 않아 다시 침대에 누워야 했습니다. 그는 "고통스러운가?"라는 한 친구의 물음에 "이제 곧 싸움이 끝날 것이라는 고통 외에는 아무것도 괴롭지 않네"라고 대답했습니다. 그날 간간이 대화가 좀 더 이어지다가 고린도전서 15장을 읽어 주자 그는 "참으로 위로가 되는 말씀이 아닌가?"라고 소리쳤습니다. 그리고 그날 저녁 11시경, 그는 "이제 때가 되었다"라고 말한 뒤에 한 손을 위로 쳐들더니 평화롭게 마지막 싸움을 마쳤습니다. 그의 비서였던 리차드 배너타인Richard Bannatyne은 이렇게 말합니다.

"스코틀랜드의 빛이요 교회의 위로이자 경건의 표상이요 모든 진실한 사역자의 귀감이자 본보기였던 이 하나님의 사람은 그렇게 세상을 떠났다."

옮긴이 **조계광 목사**는 자유번역가로 활동 중이며, 총신대와 신대원을 졸업하고 영국 서리대학 석사를 거쳐 런던대학 박사 과정을 수료했습니다. 20여 년 동안 150여 권의 신앙서적을 번역했습니다. 대표적인 역서로는 『그리스도인의 경제 윤리』, 『오직 은혜로』, 『오직 성경으로』(이상 지평서원), 제임스 패커의 『하나님의 인도』, 『오스 기니스, 고통 앞에 서다』와 '규장 퓨리탄 북스 시리즈' 등이 있습니다.

MLJ 8
존 녹스와 종교개혁

지은이 | 마틴 로이드 존스, 이안 머리
옮긴이 | 조계광

펴낸곳 | 지평서원
펴낸이 | 박명규

편 집 | 정 은, 이윤경
마케팅 | 문신준

펴낸날 | 2011년 12월 1일 초판

서울 강남구 역삼동 684-26 지평빌딩 135-916
☎ 538-9640,1 Fax. 538-9642
등 록 | 1978. 3. 22. 제 1-129

값 7,000원
ISBN 978-89-6497-016-4-94230
ISBN 978-89-86681-69-7(세트)

메일주소 jipyung@jpbook.kr   홈페이지 www.jpbook.kr